聖地伊勢へ

建ちあがった新社殿越しに旧社殿を望む＝伊勢神宮 内宮

常若の聖地

河合真如

山見れば　高く貴し
河見れば　さやけく清し
水門なす　海も広し

伊勢には、『万葉集』（巻十三）に謳《うた》われたように、美しい自然が息づく。山と河と海の恵みは、めぐる季節のなかで多くの生命を守り育《はぐく》んできた。

四季折々の暮らしは、たくましい自然と共にあった。春に稔りを念じ、秋の恵みに感謝する言葉や行為は、文芸となり芸能ともなった。

「心のふるさと」といわれる伊勢の神宮には、生命と生活を守護する神々が祀《まつ》られている。皇大《こうたい》神宮（内宮）には、天照大神《あまてらすおおみかみ》。豊受大《とようけだい》神宮（外宮）には、豊受大神《とようけおおみかみ》。両宮の建築様式は、唯一神明造《ゆいいつしんめいづくり》。稲穂などを納めた高床式穀倉《たかゆかしきこくそう》が祖型である。

萱葺《かやぶき》屋根は、耐水と保温効果をもつ。板壁は湿気を吸収、乾燥すれば水気を排出する理想的な機能をもつ。食物保存の工夫が快適な環境空間を創造し、神を祀るにふさわしい宮殿となったのである。

聖域といわれる場所は多い。しかし、パルテノン神殿は、廃墟となって久しい。ピラミッドも時の流れと共に風化していく。ところが神宮は、二十年に一度の式年遷宮によって新造され、瑞々しい姿を保ちつづけている。

悠久二千年の歴史をもちながら常に若々しい神宮には、両宮を始め一二五の社《やしろ》があり、年間の祭りは一五〇〇回を数える。

日々の祭りに供えられる米・塩・野菜などの神饌《しんせん》は自給自足。絹や麻の布も機殿《はたどの》で織《お》られている。山には遷宮用材として檜《ひのき》も植えつづけられている。

日々、そして式年。永遠に繰り返される祭り。自然と生活文化を守り伝える神宮は、まさに心のふるさとであり、世界に誇りうる常若《とこわか》の聖地である。

南川三治郎著『聖地　伊勢へ』は、写真と文章で「古くて新しい」といわれる神宮の姿と精神文化を紹介するものである。

世界を舞台に活躍してきた写真家は、西洋文化との対比のなかで神宮のもつ日本美の深層をも浮かび上がらせてみせる。

豊かな自然と永遠の象徴である祭りの風景は、心のふるさとへと人々を誘《いざな》う。神宮に感動するのは、日本人だけではない。伊勢は国や宗教を超える世界の聖地なのである。

（神宮司廳　文化部長）

目次

III——伊勢とその周辺

［謝辞］

本書の刊行にあたり、下記の機関にお世話になりました。
記して謝意を表します。

公益財団法人 岡田文化財団

濱田総業株式会社

株式会社ニコン

武蔵工業株式会社

［凡例］

・本書は三重県総合博物館で開催される「日本の心　第六十二回神宮式年遷宮記念写真展」（2014年5月24日～6月22日）の公式本として刊行される
・本書は「中日新聞」朝刊文化面の連載「聖地　伊勢へ」全33回を収録、再構成したものである
・重要と思われる事項は、新たに解説を書き下ろした
・新聞連載時に掲載した写真に加え、「日本の心　第六十二回神宮式年遷宮記念写真展」で展示される作品の大半を収載した
・文中人物の肩書き・年齢は、掲載当時のままとした

I ―― 式年遷宮

正殿の原寸大模型

平成二十四年八月九日 掲載

優美な設えこの目で

日本人の心の"ふるさと"ともいえる伊勢神宮。そこでは今、二十年ごとに社殿を造り替える式年遷宮の準備が粛々と進んでいる。千三百年余にわたり繰り返されてきた式年遷宮は、来秋が第六十二回。神宮にとってもっとも重要な神事であるが故に、その詳細はこれまで神秘のヴェールに包まれてきた。

その一端を垣間見ることができるのが、神宮外宮の緑萌《も》える勾玉《まがたま》池畔に立つ「せんぐう館」の展示だ。式年遷宮を未来に伝えようと二〇一二（平成二十四）年四月に開館した。神宮のあらましを理解することができ、そのあと参拝することで、神宮に対するより深い崇敬の念が生まれてこようというものだ。

外宮からのさわやかな風が滑る池面の渡し廊下を通って中に入ると、まず目を奪われるのは、一九五三（昭和二十八）年の第五十九回式年遷宮であつらえられ、年五回しか開くことはなかったとされる外宮正殿の御扉だ。六十年の時を超えたそれは、神職以外は見ることがかなわない御垣内の最奥の秘儀の扉だ。

数多い展示の中でも特に私の心を打ったのは、遷宮の技を今に伝承する匠《たくみ》たちの技や心意気をつぶさに伝える「永遠の匠たち」のコーナー。神々しく光り輝く御装束《おんしょうぞく》神宝（玉纏御太刀《たままきのおんたち》、御鏡、菅《すげの》御笠《おんかさ》など）の制作工程を、材料をそろえるところから仕上げまで、コマ落としのように分かりやすく丁寧に紹介している。いかに日本文化の技を未来に継承していくか…。彼らの緻密で端正な仕事ぶり、心や技が、手に取るように伝わってくる。

なぜ神宮は遷宮を必要とするのか。私見ではあるが、式年遷宮における社殿造営は殿舎の傷みの

外宮の社殿・正殿の東側部分の4分の1を原寸大に再現した模型の展示は圧巻

程度が問題なのではない。匠たちのひたむきな姿を見るにつけ、新しく建て替えることによって技と文化の継承を図り、国の若返りと常若を祈るためではないかと思わされる。

もう一つ、せんぐう館のメーン展示でもあるのが、外宮の中心的な社殿・正殿の原寸大模型だ。東側部分の四分の一を再現していて圧巻の一言に尽きる。

外宮正殿に見られる建築様式は「神明造り《しんめいづく》」と呼ばれている。その特徴は高床・切妻《きりつま》の建物で、萱葺《かやぶき》の屋根に千木と鰹木《かつおぎ》が付いていること、柱はすべて根元を地中に埋めた掘立式であることだ。こうした構造がよく分かるようにした忠実な模型は、木目の美しいヒノキ材で作られている。

正殿は通常、お祭りに奉仕する、限られた神職以外は見ることができないものだ。神様がお住まいの棟持柱の傾きや千木の交差方法などの細かな部分を、実際に自分の目で確かめられる至福感は言葉で言い尽くせない。その簡素で優美な設え《しつら》は、立ち入ることが許されることのない御垣内の清楚《せいそ》なたたずまいをしのばせている。

ほかにも、200インチ（三メートル×四メートル）の大型スクリーン「遷宮シアター」ではハイビジョン映像で「おまつり」「御装束神宝調製」「新宮造営」などさまざまな視点から、式年遷宮を紹介。神宮と稲作の深いかかわりを示す「瑞穂《みずほ》の国」、式年遷宮を身近に感じられる資料をそろえた「神宮式年遷宮」などのコーナーがある。

キリスト教やイスラム教などは、永続的に使うことを前提に、堅固な城塞《じょうさい》のような神殿や教会を築いてきた。しかし、今日、廃虚と化しているものも多い。せんぐう館の展示は、千三百年前から息づく伝統と歴史を誇る神宮ならではのもので、世界のほかの宗教では見ることのできない、日本独特の文化を表しているといえるのではないだろうか。

式年遷宮の歴史を“いま”に伝える、外宮・勾玉池のほとりに建つ「せんぐう館」

色彩豊かな神宮林

平成二十五年二月十四日 掲載

いつか再び御杣山《みそまやま》に

"神宮の森" とは伊勢神宮宮域に広がる森のこと。北は伊勢湾に面し、中央には清流として名高い五十鈴川が流れる。内宮を囲う標高三百〜五百メートルの山々は「神路山」「島路山」「前山」からなる神宮林で、五十鈴川の源流ともなっている。

神宮林は約半分が天然林で、杉、樅《もみ》などの針葉樹に加え、樫《かし》、椎《しい》、楠《くすのき》、藪椿《やぶつばき》、榊《さかき》などの常緑広葉樹である照葉樹が混在しており、植物の種類も豊富だ。針葉樹と広葉樹が混在一体としてあるのは、神宮の森の大きな特徴であり、四季折々のカラーチェンジが楽しめるのも特色とされる。

伊勢神宮の遷宮は、二〇一三（平成二十五）年十月で第六十二回を数える。一回の遷宮に必要な檜《ひのき》材は、大きいものから小さなものまで、また太いものから細いものまで、本数にして計一万本余だ。ほとんどが樹齢三百年ほど。主な御用材は、真っすぐ天に伸びている姿のよい大木でなくては役に立たないそうだ。

最も多く必要なのが胸高直径で四十〜六十センチのもの。また、直径が最も大きいものは御正殿の扉木に使う百二十センチの無節材、一番長いものは千木に使う十三メートルなど。こうした用材は、鎌倉時代までは神宮の森から伐《き》り出していた。

神宮の森は、この地に天照大御神が降臨されたという二千年もの昔から御用材を供給する御杣山《みそまやま》とされていた。しかし、鎌倉時代になると、宮域林をはじめ伊勢周辺の山々では、次第に良材がなくなった。そのため、江戸時代中期からは檜の名産地である木曽の山が御杣山と定められた。

神宮では大正時代の初めから、今後いつまで木曽の山の木が入手できるか疑問が起こった。そのため、また昔のように神宮の宮域林でまかなうことができるようにと、一九二三（大正十二）年から毎年四月、神路山や島路山に檜の苗の植樹を始めたのだという。二百年をかけて適材を育てる計画だ。

その大方針は、今日まで変わることなく受け継がれ、今回の遷宮では初めて総使用量の四分の一ほどの御用材が、神宮林から伐り出された。これらの木は御用材の中でいわば細い部類、主に内宮・外宮の正殿を囲う外玉垣《とのたまがき》、母木・子木、板垣の柱として使用されるのだという。

五千五百ヘクタールにも及ぶ神宮の山は、樹木の生育に必要な場合以外は生木の伐採をしない地域と、神苑《しんえん》として風致を維持し手入れをする地域、そして五十鈴川の水を受けて、将来の御造営用材向けの檜が育つ約二千九百ヘクタールの三つの地域に分けられている。また神宮の森にすむ鳥や小動物、昆虫や微生物など生息する生物も一切殺生はしないという。こうしたことで、おのずと土壌に肥料成分が養成され、病害虫に強い森になるという。

「将来を見越し、後世の遷宮に使える檜を育てるため、神宮では秋に檜の母樹から種を採り、春に種をまいて苗木を育てます。そして、育てた苗木を植林し、下草を刈り、枝打ちを行い、間伐もします。小さな苗木がいつの日か御殿の御用材になるように育つことを祈って、神宮の森をいつも見守り、大切に育てていているのです」と、神宮司庁営林部のスペシャリストは語ってくれた。

神の森、鎮守の森と気軽に言うが、二百年後、いやそれ以後の遷宮をも見つめ、森を守り木々を育てる仕組みは日本独特、いや伊勢神宮独特の崇高な志で、世界に類を見ることはできない。

明日の宮柱を育む神宮林での植樹祭

神宮林の最高峰剣峠（標高482メートル）近くの山中からの眺めは、緑、黄のグラデーションが美しい

美しい檜の社殿

平成二十三年六月九日　掲載

五感に訴える建築

伊勢神宮正殿は「唯一神明造り」という日本最古の建築様式で造られている。素材は檜《ひのき》。白一色の清潔なたたずまいは、一瞬息をのむような力強い印象を与えている。

この美しい社殿は、千三百余年もの長い時の流れを通して、宮大工という特別な職人たちによって受け継がれてきた。しかし、現在では後継者の数も少なく、伝統建築の行く末を憂慮する声が大きくなっている。

貴重な文化遺産ともいうべき建築は、どのようにして造られていくのだろうか。

伊勢神宮の内宮と外宮、十四の別宮などの殿社や門、垣を建て替える、平成二十五（二〇一三）年の第六十二回式年遷宮にむけ、その社殿造営のための用材を製材加工する作業が急ピッチに進められている。

伊勢神宮の外宮に隣接する八日市場町にある神宮式年造営庁造営部の山田工作場では全国から集まった宮大工五十九人を含む茅葺《かやぶ》き職人ら百四十人ほどが、真摯《しんし》なまなざしで黙々と作業に励んでいた。

この工作場では、日曜日を除く毎日午前八時半、始業前に神宮正殿に向かって全員で「朝拝」のあと、午後四時半まで作業をしているという。

式年遷宮は二十年ごとに行われ、一回の式年遷宮で使う御用材は大小の約一万本。主に木曽山中の「御杣山《みそまやま》」で伐採された檜が使われる。しかし、今回から、用材の四分の一はここ伊勢の神宮内の森で育てた木を使用している。

厳選された用材一本一本は無駄なく使わなければならない。約一万本の用材から、八万点以上に及ぶ部材（社殿に用いる柱や壁板などの大きな部

長年の使用に耐えさせるために、木の節には別な木材で節穴を埋める＝三重県伊勢市外宮隣の山田工作場で

分から、楔《くさび》などの小さな部分まで）を切り出す作業はほぼ終わった。

現在は「小工《こだくみ》」と呼ばれる熟練の宮大工が、切り出した部材の表面に、鋸《のこぎり》や鉋《かんな》を入れる際の目印となる線を引く「墨掛《すみか》け」を施している。そして、鉋や鑿《のみ》を使った手仕事で加工をする段階で、できあがった部材から順に仮組みに入るという。

天井が高く広い製材所に白木の檜材や既に加工が施された用材がずらりと並んでいる様は壮観だ。木のかぐわしさもうれしい。白の作業着姿の宮大工が鑿や鉋で木を削っている…

シュシュ、シュー、トントントン。道具と木が醸し出す澄んだ音は、遠くいにしえの世界を想像させてくれるかのように私の心に心地よく響く。

私たちの五感を刺激する檜の香ばしいにおい。西洋の石による建築が人間の諸感覚のうち視覚を重んじて構築され理解されるものであるのに比べ、日本の建築は五感全体を駆使して造られたと言えるのではないだろうか。

それは、内宮、外宮に参拝する時、誰もが強く実感することであろう。檜の香りとともに、参道に敷き詰められた玉砂利の音にも、私たちは身と心を清められるのである。

製材所には、正殿の屋根から突き出す部分となる約十一メートルもの「千木《ちぎ》」や「鰹木《かつおぎ》」、直径六十センチほどもある正殿の柱などが積まれ、大工らが薄皮をはぐように鉋で慎重に表面を削り、鑿で木組みの接合部の臍《ほぞ》などを丁寧に彫っていた。

全神経を鉋を持つ手と指先に集中させ、木目を凝視しながら少しずつ彫り進めてゆく。この作業を担当する棟梁《とうりょう》は「寸法が一ミリでも違えば組めなくなります。臍もただ単に穴をあけるだけではなく、どんなに強い雨風にも狂わないような、神宮建築独特の凹凸と傾斜をもった臍なのです」と、目を細めながら語ってくれた。

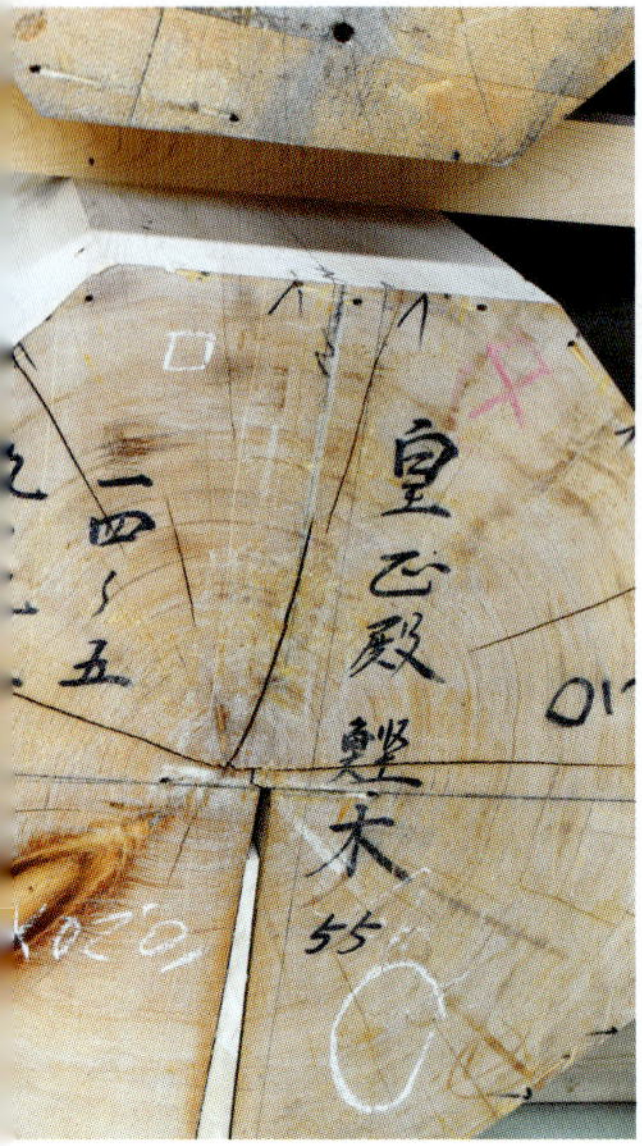

全てのご用材には使用される場所が決められる

【鎮地祭】

平成二十（二〇〇八）年四月二十五日、第六十二回神宮式年遷宮に向け、新宮造営の安全を祈願する「鎮地祭《ちんち》」が、皇大神宮（内宮）で午前九時から、豊受大神宮（外宮）では同日午後一時から祭典が執りおこなわれた。鎮地祭は新宮御造営の開始に際し、大宮地《おおみやどころ》に座《ま》す神を鎮め祭り、御敷地の平安と造営の安全を祈願する祭儀。

内宮では五十鈴川わきの「川原祓所」でおはらいを受けた神職八人と物忌《ものいみ》の童女が正宮新御敷地へ。黄、緑、赤、白、紫の幣《へい》が立てられた祭場の新宮造営地では、神職の祝詞奏上などの後、五色の幣の所で、物忌の童女が衵《あこめ》という緑色の装束を着け、鎌を手に草を刈り初める、草刈り初めの儀式を行ったあと、つづいて神職が鍬を振り上げて穿《うが》ち初めの式を行い、忌物を地中に納める儀を行った。

鎮地祭＝外宮

鎮地祭＝内宮

宇治橋の渡り初めをする「渡女」

朝日に輝く宇治橋

宇治橋もまた20年ごとに架け替えられる

【宇治橋渡始式】

二十年に一度、すべてを新調する伊勢神宮。伊勢神宮内宮の五十鈴川に架かる宇治橋もまた、二十年に一度架け替えられる。その間に延べ一億人もの参拝者が渡る純和橋である宇治橋は二〇〇九（平成二十一）年十一月三日、遷宮に先立って完成し、渡始式《わたりはじめしき》が厳かに営まれた。

五十九回目の遷宮が戦後の混乱の中で四年先延ばしされた際、宇治橋の架け替えだけは正規の式年である一九四九（昭和二十四）年に行われたため、以来、遷宮の四年前に架け替えられる習わしに。

渡り始式では渡女《わたりめ》を先頭に橋工、全国から選ばれた親、子、孫の三世代夫婦など、時代絵巻さながらの行列が新しい橋を渡った。その表情は晴れやかで幸せに満ちていた。

皇女を遣わす「斎宮行列」

平成二十四年十一月八日 掲載

優雅さ日本の原風景

かつて朝廷が皇女を伊勢神宮に遣わした史実にちなんだ「斎宮行列」が十月二十一日、京都市右京区の野宮神社を起点に、嵯峨嵐山地域で行われた。雲ひとつない晴天のもと、百人にも及ぶみやびな行列が、華麗な十二単《ひとえ》に身を包んだ主役の斎宮代を輿《こし》に乗せて練り歩いた。華やかな平安絵巻そのままの行列は、観光客でにぎわう秋の古都に花を添えた。

斎宮（斎王）は、天皇が新たに即位するごとに、天照大神の杖《つえ》代わりとなって奉仕する御杖代《みつえしろ》として伊勢神宮に遣わされた未婚の内親王もしくは女王を指す。候補者の中から占いで選ばれ、天皇の代わりに、神宮に近い斎宮（現在の三重県多気郡明和町）に住まったとされる。こうしたならわしは、飛鳥時代の天武天皇のころにはすでに確立され、南北朝時代の後醍醐天皇のころまでのおよそ六百六十年間で、六十四人の姫君が遣わされたと伝えられている。

斎宮になるとまず、皇居内の初斎院で約一年、潔斎することが定められていた。ここで心身を浄《きよ》めた後、翌年、野宮へ。さらにあしかけ三年間にわたって潔斎の日々を送ってから、伊勢へと旅立った。野宮神社は野宮の跡地といわれている。

斎宮が都から伊勢へと向かう旅は斎宮群行と呼ばれ、監送使、官人・女官などその行列は合わせて数百人にも及んだという。現在の滋賀県の勢多頓宮《とんぐう》、甲賀頓宮、垂水頓宮、三重県の鈴鹿頓宮、壱志頓宮を経て、伊勢の斎宮に到着するまでには五泊六日もかかったと伝えられる。華やかな装束をまとった人々の行列は、さぞかし沿道の人々の歓喜に迎えられたに相違ない。

その旅を現代に再現する祭りが、一九九九（平成十一）年から始まった斎宮行列だ。一行は、野宮神社からJR嵯峨嵐山駅などを通って渡月橋へと向かう。女孺《にょじゅ》や火炬小女《ひたきのしょうじょ》、戸座《へざ》らあでやかな平安衣装をまとった人々や牛車が連なった一行の優雅な美しさは、まさに日本の原風景と思わずにはいられない。

　祭りのハイライトが、渡月橋に近い乗船場に特設された浮橋で行われる御禊《おんみそぎ》の儀だ。その昔、伊勢への旅の始まりに、斎宮が桂川で御禊をしたという故事に由来している。

　秋の光を浴びて川面がキラキラと輝く中、緋毛《ひもう》氈《せん》が敷かれた浮橋に座った斎宮代は、静かに両手を大堰《おおい》川に入れて御禊をし、伊勢神宮を遥拝《ようはい》した。その楚々《そそ》としたしぐさは、見る人をいにしえの世界に誘うようであった。

　さて、長旅の後、伊勢へたどり着いてからの居住地、斎宮はどんなところだったのか。

　現在、三重県立斎宮歴史博物館のあるその場所は、道路が碁盤の目状に走り、木々が植えられ、神宮の社殿と同じく清楚《せいそ》な建物が百棟以上も立ち並んでいたという。斎宮に関する事務をつかさどる斎宮寮を運営する官人や斎王に仕える女官、雑用係ら五百人以上もの人々が起居し、当時の地方都市としては「遠《とお》の朝廷《みかど》」と呼ばれた九州の太宰府に次ぐ規模を持っていた。また、斎宮を中心とした街であることから、貝合《かいあわせ》や和歌など、都と同じような遊びが催されたと伝えられている。

華麗な十二単姿の斎宮代を輿に乗せて京の嵯峨野を練り歩く行列

斎宮行列の御禊の儀で大堰川に手を浸す斎宮代

立柱祭と上棟祭

平成二十四年四月十二日 掲載

晴れやか"古代絵巻"

二十年に一度、伊勢神宮の社殿や宝物を一新する第六十二回式年遷宮まで、あと一年半余り。花香る伊勢の内宮・外宮では先ごろ、新たな正殿が造営される新御敷地《しんみしきち》で、立柱祭《りっちゅうさい》と上棟祭《じょうとうさい》が古来の式次第に基づいて厳かに催行された。いずれも、これまで造営がつつがなく進んでいることに感謝し、さらに二〇一三（平成二十五）年十月の遷宮に向けて工事が無事に運ぶことを祈る大祭だ。

青の素襖《すおう》に烏帽子《えぼし》をつけた小工《こだくみ》（宮大工）たち、鷹司《たかつかさ》尚武大宮司をはじめ白い斎服姿もすがすがしい神職や関係者が威儀を正して新御敷地に会するさまは、さながら時が千三百年前にさかのぼったよう。古代絵巻に描かれた儀式を見る思いがする光景だ。

三月四日（内宮）、六日（外宮）に行われた立柱祭は、中心的な社殿となる正殿の柱同士をつなぎ固める祭事。「大宮柱の堅固でゆるぎなく動くことのなきよう永遠に守りたまへ…」と、祝詞が奏上され、続いておじぎを丁重に八回する八度拝のかしわ手の音が神域にこだました。そして、八人の小工が御柱の前に進み、正殿を支えるヒノキの御

正殿の建築のはじめに際し、屋船大神を祭り、御柱を奉る立柱祭＝内宮

柱十本を木づちで三回ずつ「コーン、コーン、コーン！」と打ち固めると、快槌《つち》ち音が響きわたった。

上棟祭はそれから三週間後の二十六日（内宮）と二十八日（外宮）、鷹司大宮司らおよそ三百二十人が参列して催行された。上棟祭は、屋根の一番高いところに棟木を上げて打ち固め、建物の骨組みが組み終わる時に「棟や梁《はり》が緩まないように、

御柱の木口を木槌で打ち固め、新殿の安泰を祈る＝外宮

動かないように」と祈願する儀式。一般には「棟上げ式」とされるものだ。

儀式は最初に、大宮司が造営庁技術総監に、正殿と瑞垣《みずがき》との距離が古規に相違ないかを測量するように命じた。これを受けて、技師と小工が、長さを測る竹量《ちくりょう》と呼ばれる棒を使い、社殿の中心から瑞垣御門《みずがきごもん》の位置に立てられた博士木《はかせぎ》までの距離を測定、その丈量に相違ないことを確認。それを技術総監と大宮司に報告する丈量の儀が行われた。その博士木に、棟木から引かれた二条の白い布綱《ぬのづな》が結わえられると、いよいよ棟上げの儀のはじまりだ。

新正殿の前で、棟木から引かれた白い布綱の一条を手にするのは技術総監以下造営庁の職員たち、もう一条は大宮司以下の神職たちだ。二条の真ん中に立った二人の技師が榊《さかき》を左、右、左と振って「オー！」と発すると、背後に控えた小工が建物の無事を祈って「千歳棟《せんざいとう》」と叫ぶ。これに応えて、屋根の上の棟木のそばに控えた二人の小工が「オー！」と声を上げてつちを振り下ろした。続いて「万歳棟《まんざいとう》」「曳曳億棟《えいえいおくとう》」との声が上がり、その都度、小工は「オー！」と応えてつちで槌木を打ち固めた。そして、屋上の小工が乾《いぬい》（北西）の方向に向かって、餅をそれぞれ三回まいた。

新御敷地で晴れやかに行われた二つのお祭り。大神が見守る中で太柱が建ち、棟木が上がった。宮大工の心と技を尽くした遷宮造営は、いよいよ佳境に入ったといえようか。

社殿の造営の進み具合に従って、今後もさまざまなお祭りが行われる。上棟祭から約一カ月後の五月には、正殿の屋根にかやを葺《ふ》き始める檐付祭《のきつけさい》が、さらに七月には葺き納めの甍祭《いらかさい》が行われ甍覆《いらかおおい》といった金物の取り付けが始まる。

一日も早く新しい正殿の姿を目にしたいのは誰しもであるが、現在、神殿造営は覆い屋の中で行われているので見ることはできない。これは、造営中の神殿を雨露、日差しから守り、宮大工たちが天候に左右されずに仕事を進められるようにするためだという。

新しい神殿が私たちの前に姿を現すのは、二〇一三（平成二十五）年八月、遷宮祭直前のお白石持奉献の時になるという。

2012年3月28日、外宮の新御敷地で厳かに行われた上棟祭

浜参宮

平成二十五年五月九日 掲載

禊《みそぎ》に代わってお祓《はら》い

二十年に一度、御社殿や御装束・神宝を一新する伊勢神宮の式年遷宮は、千三百年の伝統を持ち、今回が第六十二回となる。その中核をなし、新しい社殿へ祭神を移す儀式「遷御《せんぎょ》」の日が、いよいよ近づいてきた。皇大神宮（内宮）は十月二日、豊受大神宮（外宮）は同五日と定められた。

遷御に先立ち、新宮をすっぽりと隠している覆屋が取り除かれる七月には、伝統の「お白石持《しらいしもち》行事」の奉献が始まる。紀伊山系の大台ケ原を源として伊勢湾に注ぐ宮川流域で集めた白い石を、内宮、外宮に運び、新社殿の周囲にお納めするために奉納するお祭りだ。この時に限り、かつて神領民と呼ばれた伊勢市民は、四重の垣をめぐる御正殿の奥深い御垣内に入ることが許され、遷宮後は神職以外、決して立ち入ることができない新しい御正殿を間近に仰ぎ見ることができる。

お白石持行事に使われる石は、握りこぶしほどの大きさで、ほんのりと温かみを帯びた透明感のある石肌を持つのが特徴だ。今回のお白石持行事には、同市内の町ごとにつくる全七十七の奉献団、延べ約十五万人の参加が見込まれている。さらに「特別神領民」といわれる全国各地の崇敬者約七万三千人も加わり、合わせておよそ三十五万個のお白石を奉献するのだ。

この晴れやかなお白石持行事を控え、去る四月七日、地域ごとの「浜参宮」が、同市二見町の海辺に位置する二見興玉《おきたま》神社で始まった。浜参宮は、同神社に参拝して奉献団員の心身を清め、行事の無事を祈るという古くからの習わしだ。この夏のお白石持行事に臨む旧神領民の浜参宮は、その伝統を脈々と今日に伝えている。

神道では何よりも清浄を尊び、禊に始まり禊に終わるとされる。神社に参る際に、手水《ちょうず》で清めるのも一種の禊だ。古来、お白石持行事に奉仕する人たちは、本番を前に二見浦に入って心身を清めて禊をする習慣があった。現在は、それに代わって、二見興玉神社で「無垢塩草《むくしおくさ》」によるお祓《はら》いを受けるのだ。

　無垢塩草は、同神社脇にある夫婦岩の沖合七百メートル先の海中に鎮座する、猿田彦大神ゆかりの興玉神石《しんせき》に生える海藻を束ねたもの。黒々として、潮の香りがすがすがしい。

　この日は、伊勢内宮のおひざ元の四町でつくる「宇治奉献団」をはじめ、計十団約二千人が伝統に従って参拝した。宇治奉献団の団員は午前八時すぎ、真新しい青い法被に身を包んで、地元の猿田彦神社を徒歩で出発。降りだした強く冷たい雨に打たれながらも、「エンヤ、エンヤ」と木遣《きやり》の掛け声を上げて十キロ先の二見興玉神社を目指した。しかし、強風と土砂降りのため、途中、バスに乗り込まざるを得なかったが、その真摯《しんし》な姿には、自らの身をしっかり清めてから大事な神事に臨もうとする旧神領民の崇高な誇りを見る思いがした。

　宇治奉献団長で猿田彦神社の宇治土公《うじとこ》貞尚《さだひさ》宮司は「お伊勢様の新宮の御敷地に、清い心でお白石を奉献させていただける幸せに感謝しています」と、しみじみと話した。

　朗々と木遣歌を歌いながら旧神領民がこぞって参加する地域ごとの浜参宮は、潮風に吹かれながら六月下旬まで続く。

「無垢塩草」でお祓いを受ける宇治奉献団の人たち
=三重県伊勢市の二見興玉神社で

お白石持行事

平成二十五年八月八日 掲載

神領民の敬意の念

十月に催行される第六十二回神宮式年遷宮に向け、去る七月二十六日、三重県伊勢市を流れる五十鈴川で、川曳《かわびき》があった。川曳は、完成間近に迫った新宮の御敷地に、お白石と呼ばれる白い石を敷きつめるお白石持《しらいしもち》行事の一環。木橇《ぞり》に載せたお白石を、川をさかのぼって内宮まで運ぶのだ。

私は六年前、“巡礼の道”として世界から注目を浴びはじめていた熊野古道を取材していた。この時たまたま神のお引き合わせか、今回の式年遷宮に用いられる檜《ひのき》の御用材を、伊勢市内から内宮境内まで曳きあげる御木曳《おきひき》に巡り合った。五十鈴川に浮かぶ橇とともに、あまりにも崇高な神領民の方々の伊勢神宮に対する敬意の念を見て、シャッターを切り続けていたのを昨日のことのように思い出す。これが、私が式年遷宮を熱心に取材するようになったきっかけだ。

お白石持行事には、旧神領民をはじめとする伊勢市民と、全国からの神社関係者を中心とした特別神領民が参加する。川曳と、石をたるに詰めて車輪が付いた奉曳車《ほうえいしゃ》を綱で曳く陸路の陸曳《おかびき》がある。神宮をとりまく地域に住む善男善女の神領民にとっては二十年に一度の晴れの祭典だ。いやがおうにも盛り上がる。お白石を曳く「エンヤー」の掛け声が勇ましくこだまする内宮前のおはらい町で、世代もばらばらの神領民にその心意気を聞いた。

地元の進修小六年の浜田衛《まもる》君は、内宮近くの住民からなり、川曳のトップを切って奉納した宇治奉献団の子供木遣《きや》りのメンバーでもある。「四千人もの人たちの前で、得意の木遣りを歌えたのは、とても気持ちがよかったです」とにっこり。「たくさんの人たちと一緒に、お白石を置かせていただ

炎天下、力を合わせてお白石が載る橇を曳く宇治奉献団の人たち＝三重県伊勢市の五十鈴川で

くことができたのは、とてもうれしい良い思い出になりました」。また、通常は近づけない正殿を見ることができたことに触れ「新しい御殿の素晴らしさに驚きました。二十年後も、ぜひまたここにきたいと思います」と、ほっぺを真っ赤にして語ってくれた。

　また、おかげ横丁で飲食店を営む外村晃一さん(49)は「幻想的な古殿地《こでんち》もそうですが、まだ神様が入っておられない新宮でも、その場の雰囲気、たたずまいには、ただただ圧倒されます」と感激の様子。「お白石を置く瞬間には、お白石を宮川上流へ拾いに行ったときのことなどを走馬灯のように思い出すのかと思っていましたが、ただただご奉仕できたことの喜びと感謝だけでした」と振り返った。

　さらに、中之切町町会長の森田寿英さんは「すばらしい！　というのが、二個のお白石を持って新宮に入った瞬間の気持ち。今回は四回目の奉納です。内宮領の住民で良かったとつくづく思います。二十年、四十年前も同じような感動があった気がしますが、今回は特に七十歳を超えた奉納なので感激もひとしおです」と興奮さめやらない。

　一方で「二十年後はもう無理でしょうね、九十歳ですもの…」と少し寂しそう。ただ、「今回も体がへとへとになりましたが、新宮に入った途端、感動で元気を取り戻し、心地よい風に身を任せることができました」と笑顔を見せた。

　彼らのこうした心が、全国いや全世界への平和と安寧につながることを願ってやまない。お白石持行事の内宮奉献は八月十二日まで、外宮は十七日から九月一日まで続く。

全国から集まった、奉曳車を曳く特別神領民

お白石と呼ばれる白い石を木橇に乗せて外宮に運ぶ奉献団の人々

地元の旧神領民や全国の特別神領民が新しい御正殿の御敷地に「御白石」を敷きつめ奉納する〈お白石持ち行事〉＝内宮

伊勢神宮の内宮で「御戸祭」が営まれ、供物を運ぶ奉仕員

【御戸祭《みとさい》】

二十年ごとに造り替える式年遷宮の儀式の一つで、新殿に御扉を取り付ける祭儀。

青や白の装束を身にまとった宮大工や神職ら約二十人が神様の台所である忌火屋殿《いみびやでん》の前でお祓いを受け、新正殿に向かった。

新殿に御扉が付くことは殿外造作の完了を意味し、新正殿では、神職が家屋の守護神である屋船大神《やふねのおおかみ》に「社殿が無事でありますように」という趣旨の祝詞を上げた後、扉に鑿と鎚で「御鑰《みかぎ》」と呼ばれる鍵を入れる穴を開ける儀式を行った。

白い杖を持って、内宮の新しい正殿の柱の根元を突き固め、安泰を祈念する杵築祭にむかう神職たち

突き固めが終わり、五丈殿で祝いの食事〈饗膳の儀式〉が行われた

【杵築祭】

式年遷宮によって新しくなった正殿の柱を突き固める祭典の一つ杵築《こうきつ》祭《さい》が二〇一三（平成二十五）年九月二十八日、伊勢神宮内宮で行われた。御治定《ごじじょう》（天皇陛下が日時を決定）による同祭は、新宮の完成を心から喜び古歌を歌いながら新宮の柱を、神宮大宮司をはじめ神職らが総出で白木の杵《きね》で地面を突きならす儀式。

この日、鷹司尚武大宮司を先頭に神職や造営に携わった技師ら約七十人が参進、五丈殿で古式にのっとった饗膳を行い、酒を汲み交わす儀式を行った。

その後、白杖を一本一本受け取り正宮に進み、大宮司が内玉垣御門下で祝詞《のりと》を奏上した後、新宮へ進んで古歌を歌いながら新正殿の床下の柱の周りを三周して突き固めた。

五十鈴川右岸のほとりで営まれた川原大祓＝内宮

外宮前の池のそばに設けられた川原祓所で、たな神座の装飾品や神宝類と、装飾品や神宝類などを納めた白木や朱塗りの辛櫃と、黒田清子臨時神宮祭主、大・少宮司以下の神職、臨時出仕などが会しお清めした

【川原大祓】

遷御にかかわる神職や新正殿に納める神宝などすべてをはらい清める「川原大祓《おおはらい》」は内宮では五十鈴川右岸のほとりで営まれた。

池田厚子祭主をはじめ、鷹司尚武大宮司ら神職約百五十人が遷宮装束に身を正して勢揃い、新たに調えられた約千六百点におよぶ御装束や神宝など、また遷御に用いられる付属御料などが入った辛櫃《からひつ》も並べられ、遷御の列をなす人と御料が祓い清められた。また、前回、素木《しらき》だった辛櫃は、一九二九（昭和四）年の五十八回以来の朱と黒の漆塗りに復古された。

遷御の儀

平成二十五年十月十日 掲載

気高く清らかな夜

千三百年の歴史を誇る伊勢神宮の第六十二回式年遷宮が今月二日の夜、古式にのっとって厳かに斎行され、伊勢神宮の杜《もり》が二十年に一度きりの荘厳な空気に包まれた。

内宮の奥深くに位置する旧正宮と新宮の前に設《しつら》えられた奉拝席には、正装に身を包んだ文化人ら特別奉拝者を含む善男善女の奉拝者が着席。その後ろが、私たちジャーナリストに用意された場所であった。右手に旧正宮、左手に新正殿の石段が見渡せる絶好の場所であったが、これから斎行される秘儀を拝見、取材するには少し距離が遠いのが難点であった。

奉拝席の真後ろは島路川。静かな神域に島路川のせせらぎの音、秋の虫の音、鳥の声、鹿の鳴き声なども聞こえ、樹の上では「キーキー」とムササビが飛び交っている。

午後六時少し前、報鼓《ほうこ》が「ドーン、ドーン、ドーン」と打ち鳴らされ、静まり返った神域に響き渡った。斎館から正宮へ、勅使一行に続き、黒田清子臨時神宮祭主、鷹司尚武大宮司らの神職たちの参進が始まったのだ。

そして、同八時少し前、すべての照明が一斉に消され、辺りは再び静寂に包まれた。まもなく「カケコー、カケコー、カケコー」と鶏鳴三声《けいめいさんせい》が発せられ、続いて、ご神体である「八咫鏡《やたのかがみ》」が古い正殿を出ることを合図する「出御」の声が聞こえるはずだ。しかし、奉拝席の一番後ろで島路川の流れ近くに陣取った私たちには「カケコー」は聞こえず、当然、「出御」という声も届かなかった。

十分くらいたっただろうか、石段を下りてくる浅沓《あさぐつ》の音と雅楽の調べが聞こえ始めた。

神宝の数々を持った神職たちが、参道に設けられた屋根付きの回廊「雨儀廊《うぎろう》」を進む。そして、ご神体の周りを囲む白い絹垣《きんがい》が夜のしじまにぼんやりと浮かび上がり、その中から青白い光が輝いているのが見えた。すると、その光から強烈なパワーを感じ、体が熱くなった。シャッターを押す指が震えた。影絵のように白い布越しに映る神職は神々しかった。

その時だ。かすかに風が吹き始め、それに呼応するように、とても心地よい香りが私をかすめた。神風なのであろうか。神さまが本当に通られたのであろうか。私だけが感じたのであろうか。それは分からない。

約二十分後、行列は新正殿の石段を上って暫時、再び明かりが灯《とも》された。ご神体が無事お遷《うつ》りなされたのだ。神様が新しい正殿に入御されたことがアナウンスされると、参列者は一斉に起立し拝礼して、涼しい柏手《かしわで》の音が神域に木霊した。

遷御《せんぎょ》の儀に参列した喜びは、いつまでも色あせることがないものらしい。月読宮前で食堂を経営する楠木康生さん夫妻は、今も二十年前の感動を口にする。「ありがたくて、顔を上げて行列をうかがうこともできません。ただただ頭を垂れて、かすかに見える囲いの幕やそれを担っている神職のきぬ擦れの音に言いようのない神秘を感じました」と振り返る。

思えば、私もこの五年間は、伊勢神宮の取材に没頭してきた。それは、この遷御の儀を目の当たりにしたいからだったといっても、過言ではない。とうとうこの目で確かめることができた遷御は、世界のほかの宗教には感じたことがないほど清らかで、気高さに満ちていた。

2日夜に行われた内宮の遷御。新旧の正宮を結ぶ回廊を進む神職らの姿が闇に浮かび上がり神秘的

外宮での遷御の儀は浄暗と呼ばれる夜のしじまに小雨が降る中、ご神体は約３００m隣の新正殿に納められた

奉幣の儀にむかって昇殿される奉仕員

【遷宮奉幣】

式年遷宮のクライマックス〝遷御の儀〟から一夜明けた十月三日朝、内宮では天皇陛下からのお供えを神様に奉納する儀式「奉幣《ほうへい》」などが営まれた。

「奉幣」は午前十時から始まり、天皇陛下の使者となる勅使や池田厚子祭主、神職らが奉仕。国家安泰を願って届けられた錦などの「幣帛《へいはく》」が辛櫃に納められ、新正殿の敷地まで運ばれた。勅使らが古式そのまま太玉串《ふとたまぐし》を新宮に遷られた豊受大御神へ奉げたあと、神職が東宝殿に幣帛を奉納した。

「遷御の儀」から一夜明け、鷹司尚武大宮司らが古式そのまま太玉串を捧げた

Ⅱ——伊勢神宮の四季

神様の新年会

平成二十四年二月九日 掲載

平安の華　雅な舞　今も

「日本がここに集まる初詣《はつもうで》」と俳人の山口誓子が詠んだ伊勢の正月。大晦日から参拝客が繰り出す初詣には、毎年多くの人々が押し寄せる。

外宮から内宮へ通じる御幸道路の石灯籠には、伊勢市の有志の手で蝋燭がともされ、神宮では餅や甘酒がふるまわれる。神苑や参道のあちこちでたかれるどんど火や大かがり火で餅を焼いて食べる姿も見られる。

一月十一日、伊勢神宮の天照大御神、豊受大御神をはじめ別宮や摂社、末社など合わせて百二十五社に祭られる神々が一堂に会し、新年を祝う由緒あるお祭り「一月十一日御饌《みけ》」が、初詣客でにぎわう伊勢神宮内宮で行われた。一年に一度、神々が共に食事を召し上がり、酒や舞を楽しまれる、いわば〝神様の新年会〟だ。

午前十時に神職らが忌火屋殿《いみびやでん》前の祓所《はらえど》で神様の食事＝御饌（飯《いい》、魚、野菜など）をおはらいした後、御正宮にのぼり、御垣内にある四丈殿《よじょうでん》で神々に食事をささげた。当然のことながら、私たち一般人には拝観することは許されない。石段の下で心を静めてたたずんでいると、神々しく雅《みやび》な音がかすかに響いてくるように感じられるのは気のせいだろうか。

午後一時からは、神宮楽師らが内宮神楽殿隣の五丈殿に集まり、平安時代から伝わる歌舞「東遊《あずまあそび》」が奏行された。神宮楽師が奏でる笛やひちりき、琴の音に合わせて、六人の舞人が長いすそをさばきながら優雅に舞った。

舞人は小忌衣《おみごろも》といわれる平安時代の青摺《あおずり》の袍《ほう》に表袴をつけ、太刀を帯びた衣装を身にまとっている。頭には巻纓《けんえい》の冠、その左右には馬の尾の毛を束ねて半月形に開いた「おいかけ」という独特の

長いすそが目を引く装束。舞人はこれを見事にさばきながら舞う

琴や笛の音色に合わせて小忌衣と呼ばれる衣装をまとった6人の舞人が歌舞「東遊」を奉納した

飾り、季節の花の挿頭《かざし》を着けている。

伊勢神宮で現在おこなわれている雅楽は、明治の初めに宮内省式部寮から伝授を受けたことに始まったとされている。この雅な舞こそが現代に伝わる平安時代の華ともいえる。舞人の衣装は、現在NHKで放映されている大河ドラマ「平清盛」のなかの高貴な人々の衣装のなかにも見ることができる。

初詣に訪れていた大勢の参拝客は二重、三重に五丈殿を囲み、おめでたい「神様のお正月」に奏でられる至福の音色と、はるか平安時代から現代にまで続く、日本の原風景に見入っていた。パチパチとカメラのシャッターを切る音も絶えることがなかった。

このような素晴らしい古《いにしえ》の風習と伝統を、現代にまで継承し、後世につなげる人々を育てることは、一言では言い切れない労苦があるに相違ない。しかし、これらの障害を乗り越えてこそ、日本の文化が輝き、世界の人々の心を打つのではないだろうか。

お神札「神宮大麻」

平成二十五年二月十四日 掲載

崇敬者と絆で結ぶ

神棚に祀《まつ》られる伊勢神宮のお神札《ふだ》。伊勢神宮では、お神札を「神宮大麻《たいま》」、あるいは「大麻《おおぬさ》」と呼び、お祓《はら》いの用具や頒布される神符《しんぷ》のことを指す。くれぐれも、一般によく聞くマリファナなどの麻薬をいうのではない。神宮大麻は、御師《おんし》、あるいは大夫《たゆう》と呼ばれる人たちが、全国の崇敬者に「御祓大麻《おはらいおおぬさ》」「お祓いさん」などの名称で頒布していたお神札のことで、その起源は平安時代までさかのぼることができるとされる。

御師は神宮と全国の崇敬者の間を取り持った神職で、平安時代の末期に登場したとされている。御師は各地に講を組織して、神宮の御神徳を広めるとともに、参宮に訪れる善男善女を案内したり神宮近くに建てた自宅に泊めたりなど、今でいう旅館や旅行社の役目を果たした。また、神宮への祈願を取り次ぐため、自邸に造った神楽殿で神楽の奏上を行ったのが神楽の始まりとされる。皇室と国家の安泰を祈る伊勢神宮は古来、私幣禁断とされ、天皇以外の人が供え物をしたり、私事を祈ることは許されなかったためだ。

神宮と崇敬者を強い絆で結んだのが、御師が御祓いし、毎年末に頒布した御祓大麻だ。お神札を家庭の神棚にお祀りし、日々の祈りをささげることで、遠い地からもお伊勢さんのご加護が授かることができる、と広めた。こういった御師の活動により、江戸時代後期には、日本全世帯の約九割がお神札を受けていた、という記録が残っている。

現在、神宮大麻をはじめ神宮暦、お守りなどの授与品は、伊勢市中村町の神宮司庁頒布部で奉製されている。年が明けて間もない一月八日、来年用の大麻と暦を作り始める「大麻暦奉製始祭《はじめさい》」が、同部祭場で行われた。一年間にわたり、大麻や神宮暦の奉製作業が平穏無事に、滞りなく行われるようにと祈願するもので、新春の恒例行事となっている。

祭場は、宇治のおはらい町に近い旧参宮街道の高台にあり、緑濃い木々に包まれている。当日は、鷹司尚武大宮司をはじめ、神職や職員ら計百人以上が参列した。新春の晴れやかな陽光に照らされながら、神饌《しんせん》を奉り、祝詞《のりと》を奏上した後、神職が神号名「天照皇大神宮」と書かれた大麻に、「皇大神宮御璽《ぎょじ》」と彫られた朱印を押して、第一号を完成させた。

一瞬時が止まったかのような静寂に包まれた厳粛な空気の中、今年最初の大麻に印が押されるさまは圧巻。まさに同部の仕事始めにふさわしいすがすがしさだといえるだろう。大麻には、大きく分けて、神宮で直接授与する「授与大麻」と、全国の神社を通じて各家庭に頒布される「頒布大麻」の二種類があり、一体一体丁寧に奉製されるのが特徴だ。

神宮暦とは、科学的なデータに基づき天体・気象の詳細な情報、全国各地の神社の例祭日などを記載した暦、カレンダーのこと。これもまた、同部の重要な奉製品の一つとされている。

神宮司庁によると、今年は、神宮大麻九百五十四万体と神宮暦七万六千部の奉製を予定している。奉製数はともに例年並みで、九月六日に予定する大麻暦頒布始祭以降、各家庭へ頒布を始める。

大麻暦奉製始祭で来年用の神宮大麻954万体の第1号に朱印を押す

御神楽奏行百四十周年

平成二十五年三月十四日　掲載

幽玄の美に包まれ

日の光に春の訪れを感じる好天に恵まれた二月一日、伊勢神宮内宮参集殿にある奉納舞台で、神にささげるための舞と演奏が一般に公開された。御神楽奏行百四十周年を祝うものだ。

神楽は神に感謝し、さらなる加護を願う祈祷《きとう》の一つで、神宮では一八七三（明治六）年二月一日から行われている。神宮司庁によると、その前年、内宮に祈祷所と神札の授与所が創設されたことから、お祝いとして、初めて神楽を奉納したのが始まりという。

参拝者の休憩所で、参拝ルートの最後に位置する参集殿は、二年前に耐震補強に伴う改修を終えたばかり。そのため、建物自体はもちろんのこと、その一隅にある舞台も、まだヒノキの香りがほのかに漂ってすがすがしい。

舞台正面には、老若男女百人余りが陣取った。思わず声を掛けてみると、集まっているのは、近くに住む人たちばかりではない。遠く東北や九州などからも、わざわざこの日の催しを一目見ようと来ていることを知って驚いた。いやがうえにも期待は高まる。

公開されたのは、振鉾《えんぶ》、萬代舞《よろずよまい》、賀殿《かてん》の三曲だ。神宮楽師らの歌と、伴奏に用いる笏拍子《しゃくびょうし》、和琴《わごん》、神楽笛、篳篥《ひちりき》などが奏でる幽玄な調べに合わせて舞う姿は、非常に優美で気品がある。

中でも、萬代舞は一九五三（昭和二十八）年の第五十九回神宮式年遷宮の奉祝のために作られた神宮独自の歌舞だ。こうして公の場で披露されるのは珍しいという。

〝天照らす　大宮どころ　かくしつつ　仕へまつらむ　萬代までに　萬代までに〟

この歌詞は、遷宮にまつわるお祭りの一つ「杵築《こつき》祭《さい》」で歌われる祝歌の歌詞だ。杵築祭とは、新正殿の完成を祝って、堅固で揺るぎないよう、柱の根元を白い杖で突き固めるお祭りで、今回の第六十二回式年遷宮では今年九月に行われる。この歌詞に合わせて、宮内庁式部職楽部楽長を務めた薗広茂氏が、舞と曲を作ったのが、萬代舞だ。

萬代舞は、平安時代に確立された、一般に十二単《ひとえ》として知られる豪華な衣装をまとった女性の舞人四人が演じる。十二単は、唐衣《からぎぬ》、表着《うわぎ》、打衣《うちぎぬ》、五衣《いつつぎぬ》、単、濃紫袴《のうしはかま》、裳《も》からなり、宮中などの公の場所で晴れの装いとして着用された、成人女性の正装にあたる。

衣装のすそを長く引きながら、手には檜扇《ひおうぎ》、冠に山桜の花飾りを着けて一糸乱れることなく、軽やかに、あでやかに、蝶のように舞うさまは圧巻で美しい。藍、紅花に代表される草木染で染められた衣装は自然そのものの色。生成りの純白の布を染めるところから何度も職人の手が入って出来上がった布は、日本文化の神髄といえるのではないだろうか。笛や琴の旋律も相まって、辺りは幻想的な雰囲気に包まれた。

神宮司庁によると、萬代舞とともに、この日公開された振鉾は、古代中国の故事に由来するといわれ、舞楽の初めに奏される演目だ。二人の舞人が鉾《ほこ》を振って天地をしずめ、天下太平をことほぐという内容。転じて、舞台を清める舞楽とされるようになった。

また賀殿は、八三九（承和六）年に遣唐使によって持ち帰られた琵琶用の楽譜をもとにつくられたという説があるという。平安時代の白河上皇の御所新造の際、選んで演奏されたという伝承から、新築を祝う楽曲としても知られている。

参拝者と一緒に、平安と安寧を祈るために行われた、この日の記念の催し。遠方から詰め掛けた大勢の観衆からも「感激した」という言葉が口々に漏れていたのが、深く印象に残った。

十二単を身にまとい「萬代舞」を舞う舞人たち

豊作願う祈年祭

平成二十五年一月十七日 掲載

美しく静謐な世界

春まだ浅い二月、伊勢神宮では、この一年の五穀の豊かな実りを願って祈年祭《きねんさい》が行われた。神宮では年間を通して千数百もの祭りが日々行われている。なかでも、祈年祭は七世紀後半から伝わる古代祭祀《さいし》の一つだ。

年を祈る祭りである祈年祭は「年ごいの祭り」とも呼ばれる。「年」とは穀物、特に稲を表す言葉。五穀豊穣《ほうじょう》をもたらす山の神は、春になると山から下りてきて「田の神」となって農作業を見守り、秋の収穫が終わるとまた山に帰る。つまり、春の耕作が始まる時期を前に、生命の糧を恵んでくださるようにとお祈りするお祭りともいえ、一粒の米にも神様の御霊《みたま》が宿ると伝えられる。

神宮のお祭りは〝稲〟に集約されていると言っても過言ではないだろう。唯一神明造りの正殿は、弥生時代の高床式で、米倉を模したものと伝わっている。また、稲は、一粒の籾種《もみだね》から七百五十粒から約千粒の米を実らせることができるといわれている。その一粒の米を二年、三年と作り続けていけばその数は膨大になる。稲は「一粒万倍」といわれる所以《ゆえん》である。また、稲わらは注連縄《しめなわ》や縄に、あるいはわら草履などに使われ、最後はそれは土に還《かえ》り、それがまた肥料として多くの作物を育ててゆくのである。

祈年祭は、神様の食事である神饌《しんせん》をお供えして豊作と平和を祈る大御饌《おおみけ》の儀と、皇室から勅使が参向して奉仕される奉幣の儀の二つのお祭りからなっている。奉幣の儀は、天皇から神への供物である幣帛《へいはく》（柳で作った筥《はこ》に五色の絹・麻などの品々を納めたもの）をささげる儀式。祈年祭には、五穀豊穣と国の繁栄、皇室の安泰や国民の平安への願いも込められている。

伊勢神宮二の鳥居前に勢ぞろいした祈年祭の行列

内宮の参道に春の兆しをたたえた柔らかな美しい光が降り注ぐ気持ちのいい十七日午後。鳥居の向こうからドーン、ドーン、ドーンと、静まりかえった神域に参進を告げる「報鼓」の音が響き渡ると、緊張感はいやがうえにも参拝客に伝わってくる。いよいよ祈年祭の参進が始まったのだ。ザク、ザク、ザクと神職たちの玉砂利を踏む音が重なって心地よい。

天皇からの幣帛が入った辛櫃《からひつ》を先頭に、濃紺の御正服に身を包まれた勅使が進まれる。続いて白の袍《ほう》に朱赤のはかまをつけられた池田厚子祭主、木綿をつけた冠に純白の斎服、黒の浅沓《あさぐつ》の鷹司尚武大宮司、高城延治少宮司以下三十人ほどの神職が続く。

行列は正殿前の石段を上り、外玉垣南御門を通って中重に入る。祭儀はそれから一時間半ほど続くのであるが、お祭りの様子を私のカメラで写すことはかなわない。祝詞は微音。神様だけに奏上《そうじょう》するので当然漏れ聞こえてはこない。神職の玉砂利を踏む音が微《かす》かに聞こえるだけだ。

曽遊のパリ時代にローマにあるカトリックの総本山、バチカンで教皇ヨハネ・パウロ二世を取材したことがある。システィーナ礼拝堂で、円天井《クーポール》から差し込む一条の光が、神に一心に祈りをささげる法王を神々しく照らし出していた。辺りに満ちる厳粛かつ荘厳な雰囲気を、昨日のことのように思い出す。

それから二十年余り。さわやかな風が包む神宮の杜《もり》で、眼前で繰り広げられる白、緋《あか》、黒の静謐《せいひつ》な世界に感動を覚えた。

洋の東西を問わず、すがすがしく装って神の御前で奉仕する姿のなんと美しいことであろうか。時計の針が太古の時で止まったような錯覚を覚えるのは私だけではないだろう。

参進を告げる報鼓

【春季皇霊祭】

一般のお彼岸の中日にあたる春分の日、宮中皇霊殿で皇祖をおまつりになるに際して、神宮でも内宮第一鳥居内祓所でも遥拝式が執り行われた。遙拝式では、内宮の第一鳥居内祓所に神職が揃い、並んでお祓いをした後、榊《さかき》がお焚きあげられた。

降りしきる雨のなか、一糸乱れず参進する神職たち

基本習う新舞女

平成二十三年五月十二日 掲載

心を洗われる所作

新緑の風薫る伊勢の神宮は広大な神域をもち、深い森に包まれている。

神宮の神楽殿で見ることのできる神楽舞。これを舞う舞女《まいひめ》たちは十八～二十三歳の健やかな女性たち。白い衣に緋色《ひいろ》のはかま、長くしなやかに伸びたストレートな髪を後ろで一つに束ねた姿は清《せい》楚《そ》で美しい。

現代の日本ではほとんど見ることができなくなった大和なでしこの紅白の姿に心を洗われる…と思うのは私だけではないだろう。

神宮の神楽殿では今年十人の舞女がお仕えすることになり、去る三月二十八日にこの春、高校を卒業したばかりの初々しい舞女たちのお披露目があった。

舞女は、主に内宮・外宮の神楽殿で奉納する神楽を舞う独身女性で、五年間奉仕する。今年、新たに採用された十人を加えると、神宮に在籍する舞女は三十六人となる。

新舞女たちは毎朝の潔斎《けっさい》のあと、午前中は神宮で執り行われるさまざまな祭式について学び、午後は毎日二時間半程度、紅梅を挿した天冠（天人・女神・官女などがつける透かし彫りのある金冠）をいただき、緋《あか》の長ばかまに白の千早《ちはや》の舞女の正装に身を固め、手に五色絹《ごしきぎぬ》を飾った榊《さかき》を持って、さまざまな神楽舞の基本となる「倭舞《やまとまい》」を習っている。

四間続きの広い和室で、十人の舞女が、一糸乱れぬ見事な所作で舞う姿は素晴らしい。すーっとしなやかに伸ばした手に持つ五色絹の榊が宙を舞い、美しく弧を描く。天女が羽を広げるがごとく千早がふんわり羽ばたく。

「女性らしくしとやかに、流れる水のごとく流麗に、すべてを神様にささげる…という気持ちをも

「神様にささげる舞」を練習する新・舞女

って舞ってください」と神宮楽師の指導のもと、清楚かつたおやかで優雅な姿勢や、スムーズで上品に見える体の回転の仕方、手のしぐさなどを、ややぎこちなげではあるが、初々しさを漂わせながら、一生懸命練習していた。

練習会場には、天上と地上をつなぐ和琴《わごん》、笛、篳篥《ひちりき》による荘厳な調べと、その典雅で伸びやかな音色に包まれて舞う舞女の優雅なきぬ擦れの音が快く響く。奈良から平安にかけて確立されたとする古式ゆかしい幽玄の世界が眼前に展開する。

これは、はるかシルクロードのどこか古都で舞われたものが、海を渡って伝わり、悠久の時を経て、日本の風土や文化、日本人の心に合うよう、伊勢の地で醸成されたものだろうか。倭舞の調べには、そんなことを思わせるほど、異国の文化と共通する華やかさを感じるのだ。

倭舞は元来、一種の風俗舞で、神事に取り入れられて洗練されたものとされている。現在神宮で用いられているのは、一八七三（明治六）年二月一日に初めて内宮祈祷所（のちの内宮神楽殿）で御神楽を奉奏するにあたり、少女舞に改作したもので、鎌倉時代の神宮の記録に見える「宮人の挿せ《さ》る榊を　我挿して　萬代《よろずよ》までに　奏で遊ばむ」にもとづいているという。

　これが神事に取り入れられてから洗練されたものになったとされており、伊勢神宮のオリジナル。今日この舞が神楽の基本となっているとされている。

　新舞女たちの神楽殿でのデビューはこの記事が掲載されるころであろうか。また一層の精進のあとが垣間見え、神様ばかりではなく参詣者の心を和ませ、楽しませてくれるにちがいない。

「倭舞」の練習

黒田清子さん祭典奉仕

平成二十四年六月十四日 掲載

神様に衣替えの反物

　四月に伊勢神宮の臨時神宮祭主に就任された元皇族の黒田清子さんが五月十四日、神様の衣替えともいわれる神御衣祭《かんみそさい》で、初めての祭典奉仕に臨んだ。

　神宮祭主は、天皇陛下の大御手代《みてしろ》として諸儀に奉仕し神職たちの先頭に立って祭祀《さいし》をつかさどる伊勢神宮固有の役職だ。代々、天皇陛下によって皇族や元皇族が任命されており、現在は昭和天皇の四女池田厚子さんが務めている。

　しかし、高齢であることから、来年の第六十二回式年遷宮にまつわる一連の祭りが終わるまで、補佐役として黒田さんが臨時神宮祭主を務めることになった。天皇陛下の長女で、紀宮を称号とした黒田さんは二〇〇五（平成十七）年、黒田慶樹さんと結婚して皇籍を離れた。

新緑の神御衣祭で初めての祭典奉仕をした臨時神宮祭主の黒田清子さん＝伊勢神宮で

神御衣祭に奉仕した黒田さんは、平安時代の貴族女性の準正装の上着である白い小袿《こうちぎ》に緋《ひ》色の袴《はかま》、頭には木綿鬘《ゆうかずら》をつけ、手には檜扇《ひおうぎ》、足元は緋色の浅沓《あさぐつ》といった古式ゆかしい正装束。臨時神宮祭主の晴れ姿を一目見ようと参拝客でいっぱいになった参道では、ザ、ザ、ザ、ザ…と規則正しい歩調で玉砂利を踏みしめる行列の音がこだました。優雅なたたずまいの黒田さんを先頭に参進する一行の姿は、新緑の木々の緑に映え、平安朝の一幅の絵巻物を見るようなすがすがしさにあふれていた。

神宮司庁によれば、神御衣祭に神宮祭主が奉仕することは最近なかった。しかし、黒田さんは前日の十三日、臨時神宮祭主の就任報告のあいさつのために外宮、内宮に参拝し、続けて十四日の奉仕が決まったという。

ちなみに、十三日の黒田さんの装いは翌日の祭典の際とは趣を異にし、パール色の帽子に真珠のネックレスとブローチをアクセントに同色のロングドレスと現代風。やや緊張気味の面持ちを、参道に整列した神宮職員や一般参拝客が見守った。

黒田さんが初の大役を担った神御衣祭は、祭神の天照大神に新しい反物を供えるお祭りだ。五月と十月の十四日の正午、内宮・天照大神の大御前と内宮の神域内にある別宮、荒祭宮の御前に「和妙《にぎたえ》（絹布）」と「荒妙《あらたえ》（麻布）」の二種類の神御衣をささげる。和妙、荒妙は、それぞれの祭りの前に、内宮の所管社・神服織機殿《かんはとりはたどの》神社と神麻続機殿《かんおみはたどの》神社（いずれも三重県松阪市）で、地元の織子によって織られ、針や糸などを添えて奉られるという。

五月に夏用を、十月には冬用のご料を供えることが、一般に〝神様の衣替え〟と伝えられる所以《ゆえん》だ。また、新たな衣をお供えすることが神様の御力を更新するという、遷宮に通じる意味を持つのではないかとされている。

天照大神はいったいどんな服を着ておられたのであろうか。私たちのイマージュの中に女神が白い衣をお召しになったおぼろげなお姿を頭の中に思い浮かべることはできても、それがどんなデザインであったかを想像することは不可能だ。

たとえ大神様の衣装だといって現代の人がどんなに流麗なデザインの服をおあつらえしても、お気に召さないのではないだろうか。だからカッタン、コットンと織って布のまま、反物のままで、縫い針や糸を添えて、ご自由にデザインしてお縫いくださいい…とお供えするのであろう。なんとおおらかであろうか。

あまたある年中行事の中でもこの祭りは歴史が神嘗祭《かんなめさい》と共に古いお祭りとされ、かつては神嘗祭の当日に神御衣がお供えされていた。新しい神衣を奉ることとで、大御神の御力、御神威が、さらに増していただきたいという信仰心が、このお祭りになったのではないだろうか。

この由緒ある祭りは奈良時代の『古事記』や『日本書紀』にも記載があるといわれ、祭りが内宮と荒祭宮だけで行われるのは、この祭の発祥が古く、外宮やその他の別宮などが鎮座する前から行われていたためではないかと考えられている。

【神服織機殿神社・神麻続機殿神社】

神服織機殿神社（絹・女物）・神麻続機殿神社（麻・男物）は三重県松阪市にあり、いずれも皇大神宮（内宮）の所管社になっており、両社を合わせて両機殿と呼ぶ。両機殿で行なわれる御衣奉織行事は松阪市の無形民俗文化財に指定されている。両機殿は神御衣祭に供える和妙《にぎたえ》（絹布）と荒妙《あらたえ》（麻布）の御衣《おんぞ》を調進する御料地である。

神麻続機殿神社で機を織る奉仕員

神服織機殿神社で繭の糸を紡ぐ奉仕員

風日祈宮

平成二十五年六月十三日 掲載

災害のない天候祈る

伊勢神宮に詣でる楽しみのひとつは、正宮を参拝した後、神宮の自然を楽しみながら、広大な神域のところどころに点在する別宮にお参りできることだろう。川を越えたり、丘に登ったり、森の奥まったところに入ったり…。

玉砂利を踏みしめる音が心地よく響く中、別宮の社殿はそれぞれの場所で静かにたたずみ、私たちは正宮よりもさらに近いところから手を合わせることができる。神宮が成立する過程で、さまざまな神様が集まり、ともに神宮の森に祀《まつ》られるようになったのが、別宮の由来と伝えられる。

この五月、別宮のひとつ、神宮内宮の風日祈宮《かざひのみのみや》を訪ねた。五十鈴川に架かる宇治橋を渡り、火除《ひよけ》橋を通って神域に入ると、背筋がピーンと伸びる。心が温かくなり、しかも空気の粒子までが濃くなるように感じるのは私だけではないだろう。

一の鳥居から祓所《はらえど》と御手洗《みたらし》場を右手に見て歩いていくと、参道は緩やかに左手にカーブする。樹齢数百年という杉やクスノキがうっそうと茂る参道を進み、宮中からの幣帛《へいはく》（神様へのお供え物）や勅使の祓いが行われる二の鳥居をくぐると、左手前方に神楽殿が見える。

ここを右手に折れ、さらに奥へ進むと、五十鈴川の支流、鳥路川に風日祈宮橋が架かっている。宇治橋を小さくしたような優雅なカーブが印象的なこの橋が最初に架けられたのは、室町時代の一四九八（明応七）年という。橋の南端に付けられた擬宝珠《ぎぼし》には「太神宮風宮《だいじんぐうかぜのみや》　五十鈴川御橋明応七年戊午《ぼご》本願観阿弥　敬白」と刻まれている。

風日祈宮橋は、もともと五十鈴川橋と呼ばれていたそうで、古くはこの橋が架かる川が五十鈴川の本流とされていたためという。しかし、最も長い川が河川の本流と定義され、川が鳥路川と呼ばれるようになってからは、風日祈宮橋という呼び方が一般的になったとされている。

風日祈宮橋の真ん中に立って、せせらぎを聞きながら上流に目を凝らすと、川面の水は美しく澄んでいる。独特の透明感は、水源がわずか数キロ先の地点にあるためだろうか。

橋の緩やかな坂道を上がって、ようやくたどり着いた場所。ここが、目指していた風日祈宮だ。周りは、とても静か。それでいて空気が重々しく感じられる。

風日祈宮は、天候をつかさどる神様だ。鎌倉時代の元寇の際には、神風を吹かせたと伝えられる。宮の名前は、遠い昔、風雨の災害なく、日本の農作物がうるわしく生育するよう、専門の神職である日祈内人が七月一日〜八月末までの二カ月間、毎日、お祈りをささげた「風日祈《かざひのみ》神事」に由来するという。

その風日祈神事にもとづく風日祈祭は、現在、五月と八月の年二回、行われている。私が訪ねた十四日は、五月の風日祈祭が営まれていた。

お祭りでは、菅《すげ》で編んだ御蓑《おんみの》、御笠《おんかさ》が奉じられた。風雨をしのぐための蓑と笠を供えることで、気象の平らかなることを祈るのだ。

祭典が始まると同時に、どこからともなく鳥たちの美しい鳴き声が神域に木霊《こだま》し、さわさわと涼やかな風が吹き渡った。まるで、今年これからの穏やかな天候の推移を暗示するかのようで、すがすがしい気持ちになった。

風日祈橋から五鈴川をのぞむ

2013年5月14日、涼やかな風が吹く中、風日祈宮で行われた風日祈祭。御簑と御笠を奉じて農作物の成長を祈る

神さまのお食事会

平成二十三年七月十四日 掲載

自然の幸たっぷり

およそ二千年の歴史があり、一年間に千五百ものお祭りがあるといわれる神宮の外宮、内宮で、六月十五〜十七日、五穀豊穣《ほうじょう》や国民の平安を祈る月次祭《つきなみさい》が行われた。毎年六月と十二月にあるこのお祭りは、十月の神嘗祭《かんなめさい》と合わせ「三節祭」と呼ばれ、神宮の最も由緒深い祭典の一つ。古くて、しかも常に新しい神宮の姿が垣間みられる祭典だ。

十五日午後九時半ごろ、木々の香りと細かな水分をほのかに感じる外宮の森に、ちょうちんとたいまつが揺らめいた。キキキーと、ムササビが驚いたように鳴く。真っ暗な外宮の森は、幻想的な雰囲気が漂っている。

浄闇《じょうあん》のなか、たいまつに照らし出され、池田厚子祭主をはじめ鷹司尚武大宮司、高城治延少宮司、禰宜《ねぎ》、権《ごん》禰宜、宮掌《くじょう》ら神職の参進が始まった。白絹の斎服に身を固め、一糸乱れることなく前方を見据えて進んでいく神職たち。後ろを振り向くことは一切ない。ザ、ザ、ザ…と規則正しい歩調で玉砂利を踏みしめながら進む姿は壮観だ。

衛士に守られながら参進の先頭を歩かれるのは緋袴《ひばかま》姿の祭主である。古来伝わる白と朱色の衣服は、清浄さと権威を表しているのであろう。きぬ擦れの音をかすかに残して板垣御門の中に消えてゆく姿は、まさに日本の美を体現しているようだ。

月次祭では、午後十時に由貴夕大御饌祭《ゆきのゆうべのおおみけさい》、翌午前二時に由貴朝大御饌祭《ゆきのあしたおおみけさい》が行われる。由貴とは「清浄で汚れのない」という意味、大御饌とは「神さまにお供えする食物」の意味。いわば、これは〝神さまのお食事会〟だ。

内院と称される御垣内の奥深くで繰り広げられるこの秘儀を、私たちが垣間見ることは許されな

午後11時ごろ、浄闇の外宮で由貴夕大御饌祭が終わり、退下される祭主と神職たち

あかあかと燃える松明の光の中、神事は粛々と執り行われてゆく＝外宮・多賀宮

い。しかし、古代から脈々と続く、別世界のようなのであろう。

大宮司は神さまだけに聞こえるように小さな声で祝詞を奏上し、祭主をはじめ全員が八度拝という立ちつ座りつを繰り返して伏し拝み、「ぱんぱんぱんぱん」「ぱんぱんぱんぱん」とかしわ手を打つ丁重な礼拝がなされる。

この独特のかしわ手のリズムや神楽笛、笙《しょう》、篳《ひち》篥《りき》の音がかすかに静寂を縫って漏れ聞こえてくる。そして、楽師たちの奏でる神楽歌が、朗々しく雅《みやび》な音色で漆黒の森を包み込むように響き渡り、庭火と灯明が揺らめく。

世界のいかなる神を考えても、食事をされる神さまというのは聞いたことがない。神さまは何を召し上がるのだろうか?

神前には御箸《はし》、アワビ、鯛《たい》、塩、水、飯三盛、伊勢エビ、サザエ、鮎《あゆ》、鰹《かつお》節、野鳥、レンコンに餅《もち》三盛、乾サメ、ムツ、キス、水鳥、昆布、紫海《の》苔《り》、大根、柿など海川山野の約三十品目に加え、白酒、黒酒、醴酒《れいしゅ》、清酒など、いにしえの調理法にのっとって調理された食事がお供えされる。神さまもおいしいものが好きなのだと考えると、身近な感じがする。

神さまたちは集まって食事を楽しみ、お酒を酌み交わしていらっしゃるのだろうか。そして供えられる飯《いい》や野菜、塩などのすべてが自給自足であることも驚くべきことだ。

十六日正午には、外宮で「奉幣の儀」が行われた。奉幣の儀は、天皇陛下からの供え物を正殿にお供えする儀式。五色の絹などの織物が奉納される。まだ貨幣がなかったころ、最も貴重な品として、絹の織物をお供えしていた伝統が今に続いているのだ。

月次祭はこうして外宮から始まり翌日、内宮に続く。さらに二十五日までに別宮をはじめ摂社、末社、所管社に至るまで、すべてのお社で行われた。

浄闇の内宮で、祭主池田厚子さまを先頭に、月次祭の由貴夕大御饌祭へむかう祭列

伊雑宮御田植祭

平成二十四年七月十二日 掲載

厳か初夏の時代絵巻

神宮には、稲の豊作を願うお田植え祭が二つある。一つは、神様に供える米を作る神宮神田で行われる「神田《しんでん》御《お》田植初《たうえはじめ》」。そして、もう一つが毎年六月二十四日に、伊雑宮《いざわのみや》（三重県志摩市磯部町）の御料田で営まれる「伊雑宮御田植祭」だ。

内宮から東南に約十七キロ、心地よい海風に吹かれながらドライブすること約四十分間。こんもりと茂る森の中に鎮座するのが、内宮の別宮の中でもとりわけ高い格式を誇る伊雑宮だ。

ここは神話の時代、倭姫命《やまとひめのみこと》の一行が天照大神にお供えする幸を求めて訪れた時、一羽の白真《ま》名《な》鶴《づる》が見事な穂を落としたとされるところ。以後、この穂を供えて造られた宮が現在の伊雑宮であると伝えられている。

通称「イソベさん」と呼ばれる伊雑宮は、古くから皇大神宮（内宮）の遥宮《とおのみや》と称され、神田を持つ唯一の別宮として地元の人々に親しまれてきた。また、伊勢志摩の海に面する土地柄から、漁師・海女の崇敬があつく、彼らは伊雑宮の〝磯守《いそまもり》〟を身につけて海に入るのが風習となっているという。

初夏の風物詩として知られ、豊作や豊漁を祈願する伊雑宮御田植祭は、千葉県香取市の香取神宮、大阪市の住吉大社の御田植祭とともに日本三大御田植祭の一つに数えられる。平安時代末期に始まったとされ、国重要無形民俗文化財にも指定されている。今年は一時途絶えていた御田植を一八八二（明治十五）年に再開してからちょうど百五十年目の節目に当たった。

御田植祭に奉仕するのは「磯部九郷」と呼ばれる磯部町内九地区の里人たちだ。九地区を七つのグループに分け、輪番制で七年に一度、地区を挙げて祭りを担う。二〇一二（平成二十四）年は穴

御料田に入る早乙女と田道人＝三重県志摩市磯部町の伊雑宮で

川地区が務めた。

初夏の風が吹き渡る御料田には、神宮への奉納であることを示す「太一」の文字や松竹梅、太陽、月、千石船などが描かれた団扇《さしば》のついた高さ十数メートルもある忌竹《いみだけ》が涼やかに立っている。その下でまず行われるのは、三十五人の裸男たちが泥にまみれて忌竹を引き倒し回して奪い合う竹取神事だ。

田の中の土を混ぜ返すように大暴れする裸男たち。大団扇と忌竹は「大漁の呪符《じゅふ》」とされ、これを奪い合うのだ。奪い取った団扇の紙や竹を神棚に供えると、無病息災、商売繁盛、豊漁になると言い伝えられ、人々はその紙切れや竹を男たちから譲り受け、ありがたそうに持ち帰る。

竹取り神事で荒らされた御料田は、柄振《えぶり》という田を平均にならす道具でならされ、今度は御田植の神事が始まる。簓摺《ささらすり》らによるのどかな田楽が響きわたる中、白い着物に赤いたすきをしたすげがさ姿の早乙女と法被《はっぴ》姿の田道人《たちど》が一列に並び、〝田《た》植綱《うえづな》〟の赤い目印に沿って約二十四センチの等間隔にゆっくりと早苗を植えていく。

厳かに行われる御田植神事はその後、一の鳥居に向けて行われる踊り込みと、祭りはいくつもの情景を私たちに見せてくれる。このような神事は日本いや神宮独特の形態といえ、他の国には見ることのできない作農方法といえるのではないだろうか。現在の形になったのは平安時代末期か鎌倉時代初めと伝えられており、脈々と受け継がれてきた伝統と歴史の積み重ねによって生まれた荘厳な時代絵巻といえる。

忌竹の先につけた大団扇を裸男たちが泥だらけになって奪い合う竹取り神事

神域に舞台　観月会

平成二十三年十月十三日　掲載

優雅、幽玄満ちる夜

豊かな自然と温暖な気候に恵まれ、悠久の歴史を紡いできた伊勢神宮。神宮の神域に一歩足を踏み入れると、その歴史の深さや神聖さをひしひしと身に感じるのは私だけではないだろう。

二〇一一（平成二十三）年九月十二日、伊勢神宮内宮神苑の特設舞台で、月を仰ぎながら全国から寄せられた短歌と俳句の優秀作を読み上げて披露する観月会（旧暦の八月十五日夜に名月を観賞するために催す会）が開かれた。

夕闇も迫るころ、五十鈴川に架かる宇治橋をわたる。宇治橋はひのき造りで二〇〇九（平成二十一）年に架け替えられたばかり。長さ百メートル余のこの橋をわたるときににおうひのきの香ばしい香りが、ここが現世と神の世界との境界線であると告げているようだ。私たちが日ごろ生きてい

夕暮れ時特有の群青色の空に、中秋の名月が雲間にまんまるに神々しく輝き、舞台を明るく照らし出した

る混沌《こんとん》とした俗世間とは別の静謐《せいひつ》で清浄な世界へのプロローグといえようか。

橋を渡りきって右手に折れ、玉砂利の参道を進むと、左手にはこんもりとした森が広がる。威厳と風格を感じさせる緑濃い樹木一本一本が私たち日本人の自然観の古里のような森となっている。目を右手に移すと、夕暮れに晴れやかに浮かびあがるぼんぼりに照らされた特設舞台があった。神職から舞台のお供え物や観月会についてのいわれなどの説明もあり、ゆっくりした時が流れる。

観月会は一八九八（明治三十一）年、神宮大宮司の冷泉為紀《ためもと》が伝えた冷泉流の流れをくみ、神宮皇学館の学生が行ったのが最初。神宮楽師が、神宮禰宜《ねぎ》であった御巫《みかんなぎ》清白から伝えられた古式作法に基づき、戦後から現在の形になった。

舞台上には白い浄衣をまとった神宮楽師七人が登壇。全国から寄せられた短歌から特選一、入選五、佳作五と、俳句から特選一、入選五、佳作五、準佳作九点を伝統にのっとった作法で唱和した。

月にこれらの作品を奏上しているのだ。澄み切った空に夕暮れ時特有の濃青の色が広がり、独特の節回しの澄んだ声が周囲にこだまするさまはなんとみやびやかであろうか。

続いて、十六人の古《いにしえ》の装束に身を固めた楽師たちにより管弦「皇麞《おうじょう》急」が演奏された。笙《しょう》、篳《ひち》篥《りき》、龍笛《りゅうてき》、和琴《わごん》や太鼓などの古の雅楽器特有の高貴で典雅な音色は、一瞬にして私たちを天空の世界へと誘い込んでしまう。

次に舞われた、舞楽「胡蝶《こちょう》」は蝶をモチーフにしている。平絹白地のはかまの上に、緑系統の地色に蝶を散らした尻長の紗の袍《ほう》を着て、手には山吹の枝を持って優雅でたおやか、かつ幽玄に舞う舞姫の姿は私たちの心に快く響く。

こんもりと茂る森を背にした舞台の上方には、島路山分水嶺《れい》あたりから昇った中秋の名月が雲間にまんまるに神々しく輝き、神域の森を明るく照らし出した。

神宮観月会は例年、外宮の勾玉《まがたま》池の舞台で開かれている。しかし現在、勾玉池周辺は二〇一二（平成二十四）年四月に開館予定の博物館「式年遷宮記念せんぐう館」建設工事中のため、二〇一〇と一二年は内宮の神域に特設舞台を作り会場とした。

　エジプト神話では、知恵の神の〝トト〟、ローマ神話では〝ディアナ（ダイアナ）〟、ギリシャ神話の〝エウリュノメ〟など月の女神があることは知られている。だが、月をめでる風習は日本独自の文化といえるのではないだろうか。月をこんなにも奇麗に、静かに感じられることの幸せをかみしめたいものである。

観月会に先立って、短歌と俳句の秀作を古式に則り披講し、舞楽を奏する風雅な催しがあった

神宮神田で抜穂祭

平成二十四年七月十二日 掲載

豊かな実りに感謝

　内宮から五十鈴川を約三キロほど下った静かな田園地帯の一郭に、昔ながらの古い大きな農家のたたずまいを美しく残す神様の水田、神宮神田《しんでん》がある。

　二〇一二（平成二十四）年九月四日、神宮神田において抜穂祭《ぬいぼさい》が執り行われた。こうべを垂れた稲が、田を吹き渡る風に揺れる。まさに〝黄金の波〟だ。その中を神職たちがしずしずと行く。

　抜穂とは、大昔まだ鋭利な鎌《かま》がなかった時代、一株単位で刈り取った稲の中から、穂のついたものだけを選び、手で抜いたことの名残をとどめているとされる。一本一本抜き取った初穂は、神宮で大祭とされる三つのお祭り、十月の神嘗祭《かんなめさい》と六、十二月の月次祭《つきなみさい》に用いる。

　抜穂祭は、一年の耕作始めを祝って籾《もみ》をまく四月の神田下種祭《げしゅさい》とともに神宮の最も重要な祭りの一つといわれる収穫の儀式。神宮の行事や儀式などを記した『皇大神宮儀式帳』（八〇四年）にも登場するほど、その歴史は古い。

広大な田の一郭に設けられた神田祭場では、まず神職が豊かな実りに感謝する祝詞《のりと》を奏上。その後、黄金色も鮮やかな装束に身を固めた監督役の作長《さくちょう》が神職から忌鎌《いみがま》と呼ばれる鎌を受け取り、耕作を担当する白装束姿の作丁《さくてい》十人を率いて田の前へ。作丁は忌鎌で稲を刈り取ると、その中から穂だけを一本ずつ抜き取って、紐で結わえて束にする。

二十一の区画に分けられた神田の総面積は約三ヘクタール。水は伊勢神宮を流れる五十鈴川から引き込んでいる。栽培する米は、神田下種祭でまいた種を育て、その育った苗を五月の神田御田植《おたうえ》初《はじめ》で植えたものだ。うるち米のチヨニシキ、キヌヒカリ、イセヒカリの三品種と、もち米のカグラモチ、アユミモチの二品種など、合わせて十数種類を栽培しているという。

米作りは人の力の及ばない天候と向き合わねばならない。一つの品種に限定せず多品種を栽培するのは、天候に左右されることなく、米を安定して供給するためだ。神宮神田の作長である山口剛さんは「稲作は自然という大きな力を何よりも感じ、それに対応する技術がなければなりません」と力を込める。そのうえで「今年は稲の生育が順調でした。来年のための種籾も確保できました」と、ほっとした表情を見せた。

約一カ月をかけてすべての稲を刈り取り、神田のほとりで自然乾燥をさせたら、辛櫃《からひつ》に収める。内宮では御稲御倉《みしねのみくら》に百五十束、外宮では忌火屋殿《いみびやでん》に百八束を保管。今月十五日から始まる神嘗祭で、初めて神様に新米をささげ、その後十二月の月次祭、翌年六月の月次祭の御料とするのだという。

いつから稲作は始められたのであろうか。筆者が推理するには、神話の時代、倭姫命《やまとひめのみこと》の御代に御

神様に新米をささげるため、刈り取った稲穂一本一本を丁寧に束ねる＝三重県伊勢市の神宮神田で

田植行事があったとすれば、抜穂も同じ時代に存在していたと考えることが自然だろう。

このような伝統は、古来、忍耐強く自然と向き合いながら、稲作を中心とした暮らしを営んできた日本人独特の世界観であり、世界に類のない文化といえるのではないだろうか。

神嘗祭「由貴夕御大饌」に出仕される臨時神宮祭主黒田清子さま

【神嘗祭】

年間千以上執り行われる伊勢神宮の祭りの中で最も重要な祭典（重儀）とされる神嘗祭《かんなめさい》。

祭典はまず内宮で、十月十五日の十七時から無事に祭典が行われるようにと「興玉神祭《おきたましんさい》」、神職が祭典奉仕をしてもいいかどうかを占う「御《みう》卜《ら》」をおこなう。

同日外宮では、二十二時から「由《ゆ》貴夕大御饌《きのゆうべのおおみけ》」、十六日二時から「由《ゆ》

神嘗祭独特の光景“懸税”。瑞垣の周囲に初穂の束が懸けられる

貴朝大御饌《きのあしたのおおみけ》」、十二時から「奉幣」、十八時から「御神楽」。続いて内宮で、二十二時から「由貴夕大御饌」、十七日二時から「由貴朝大御饌」、十二時から「奉幣」、十八時から「御神楽」と、ほぼ昼夜なしで粛々と執り行われる。

「由貴」とは、このうえなく貴いという意味で、「由貴夕大御饌」「由貴朝大御饌」は、鰒や伊勢海老など約三十品目も並ぶ夕食と朝食の「大御馳走」のこと。「奉幣」は勅使により天皇陛下からの幣帛《へいはく》を奉納すること。

神宮の森の木々の間から満天の星が輝く十月十六日の夜、臨時神宮祭主となられた黒田清子さまは、白衣・緋袴《ひばかま》・小袿《こうちぎ》といった平安の装束姿で、松明だけの光の中「由貴夕大御饌」を滞りなく奉仕された。

神職の履く浅沓

平成二十三年十二月八日 掲載

輝く漆黒一人守る技

さる十一月二十三日朝、五穀の収穫を祝う新嘗《にいなめ》祭《さい》が神宮外宮と内宮であり、内宮では、神饌《しんせん》を神様にお供えする「大御饌《おおみけ》の儀」が執り行われた。

木漏れ日が参道を照らすなか、池田厚子神宮祭主、鷹司尚武大宮司や高城治延少宮司を先頭に、そのほかの神職らが縦二列に並んでザッザッザッ…と小気味よい音を立てて玉砂利を踏みしめて参進する姿は厳か。参拝者の気持ちをいっそう引き立ててくれる。

白い斎服に冠をかぶり、浅沓《あさぐつ》を履いて参進される、古式ゆかしい装束姿のなんと晴れやかで美しい光景であろうか。なかでも時おりキッラキッラと黒く光る浅沓は、神様の御前で奉仕する神職の威厳をただすのに欠くことのできない大切な履物で、その昔には公卿《くぎょう》や殿上人などにしか履くことを許されなかった黒漆塗りの沓だ。

神宮の門前町、伊勢には神職しか使うことのできない調度類の製作、補修の仕事が数多くあった。その一つ、浅沓は代々神宮の浅沓司として仕えてきた三重県伊勢市桜木町の久田家が担っていたが、後継者がなく、その技術は途絶える寸前であった。

これを受け継いだのが、現在伊勢でただ一人の浅沓司として伝統を守っている西澤利一さん（61）。

西澤さんの手になる浅沓の特徴は、気品漂う漆黒の塗りと濃密な光沢だ。「神宮さんのふもとで〝浅沓〟を作る技術がなくなってしまう…。これはぜひ私が受け継いで後世に伝えやなあかんお役目やと思い、三十四歳の時、弟子入りしました」。それまでは、十八歳の時から京都祇園祭の山鉾《やまぼこ》の模型を父親と一緒に作っていたという。

「その時、師匠は七十九歳です。最後の力を振り絞って教えてくれはりました。ま、私もこの技

新嘗祭で参道を歩く神職たちの浅沓がきらきらと光る

術をものにせんと食い上げになってしまうんで必死でした。おかげさまでおよそ三年かかって一本立ちすることができました。え？　漆の技術ですか？　見よう見まねですがな。それを補うために京都市立美術大学の先生に指導してもらい研究を重ねました」

浅沓作りは、クスノキの底板に和紙を柿渋・蕨《わらび》粉《こ》で幾重にも貼り合わせて形作り、塗りと磨きそして七輪《しちりん》の炭で乾燥させる一閑張《いっかんば》りという作業を繰り返す。三十近い工程を経る丁寧な仕上げのため、一日一工程で次の工程に進むという具合。西澤さんのように熟練した職人でも、一足仕上げるには一カ月はかかるそうだ。

息をこらし、滑るように刷毛を動かし、漆を塗り重ねる西澤利一さん＝三重県伊勢市で

仕上がった浅沓は一般の漆塗りと違い刷毛《はけ》跡は見られない。漆を塗り重ねるため湿気にも強く頑丈とされ、表面の黒漆が透明感のある輝きと光沢を放ち、つやをひきたてている。

西澤さんの許しを得て浅沓を持ってみた。軽い！　手に重さが感じられないほどだ。見た目の重厚さとは違い意外に軽いのだ！　また、足の甲の部分には絹製の綿がそっと詰められている。

「この浅沓はちょっとのことでは脱げやんのですよ。そして洋靴にはない軽やかな心地よい履き心地です。見た目に美しいだけではなく、機能性も持ち合わせているのですわ」と、西澤さん。

「私の仕事を継いでくれる人をこの十年ずーっと探していたのですが、最近になってやっと一人見つかりました。お金もうけでなく、この伊勢の伝統工芸を受け継いで浅沓を作ってみたいという本物志向の女性ですがね」

ほっとした表情で仕事に精を出す西澤さんであった。

神嘗祭に献上する初穂を奉曳車に載せて運ぶ神領民

初穂を御垣内に運び込む神領民

【初穂曳き】

「初穂曳」は伊勢神宮に毎年収穫された新穀を奉納する行事で、毎年神嘗祭の奉祝行事として行われている。お木曳き車に初穂を乗せ、各々揃いの法被姿で木遣りを歌い、賑やかに市内を練りながら伊勢人（神領民）の手により神域へ曳き入れられる。

川曳きは内宮周辺の六地区の奉献団からなる長嶺連合奉献団主催で、約七百～八百人の曳き手が参加。約百メートルのロープ二本を使い、約一キロメートル上流の宇治橋まで曳き、更に陸路を五丈殿まで運ばれる。

大祓のセレモニー

平成二十三年十二月十三日 掲載

世界に誇れる美学

神道は古来、心身を清め、穢《けが》れを流すための祓《はら》いを大変重要視してきた。最も厳重な祓いは大祓《おおはらえ》といわれ、伊勢神宮では、六月三十日の夏越《なごし》の大祓、十二月三十一日の年越《としこし》の大祓とともに、大祭の前月にあたる一月、四月、五月、九月、十月、十一月の末日に営まれている。十一月三十日、五十鈴川に近い内宮第一鳥居内祓所で行われた大祓の神事を訪ねた。

祓所までたどり着くには、五十鈴川に架かる長さ百メートル強の宇治橋を渡らなければならない。上流からの冷たい川風が吹き渡るこの橋が、われわれが日ごろ生きている俗世界と、清浄で静謐《せいひつ》な空間とを分ける役割を果たしていると感じるのは、私だけだろうか。

晩秋のこの日は紅葉が美しかった。川べりの木々は黄や赤などいくつもの色がまるでダンスをしているよう。一転、橋を渡りきった先の参道では、風格ある古木、巨木の一本一本が畏敬の念を抱かせる。まさに、日本人の自然観の根底にある深淵の杜《もり》に入ったのだという実感がひしひしとわいてくる。

午後三時、厳かな雰囲気が満ちる祓所に、ドーン、ドーン、ドーンと太鼓の音が響きわたった。その音が神宮の深い杜にこだましてしばらくすると、烏帽子《えぼし》に浄衣姿の鷹司尚武大宮司を先頭に高城治延少宮司、禰宜《ねぎ》、神職・楽師ら五十五人が玉砂利を踏みしめながら入ってきた。儀式のスタートだ。

大宮司以下、祓所に参集した神職は静かに所定の場所に着座し、神道の神事には欠かすことのできない榊《さかき》を受け取る。生成りの浄衣に身を固めた神職や楽師たちが、一糸乱れず大宮司から波が打

大祓は、色づく一本の紅葉が美しい内宮第一鳥居内祓所で斎行された

ち寄せるように身を二つに折って地に平伏する所作はまさに圧巻。罪、穢れを祓い清める様は、それだけでひとつの美学でさえあると思う。

神にお供えする御酒、御食である神饌《しんせん》や奉仕員を祓う際に使われるのは榊と御塩《みしお》の二種類だ。木《ゆう》綿《う》を榊の枝に結び付けたもので、左、右、左と振ることによって祓う。伊勢市二見町の御塩殿で調製した御塩は、土器に盛って榊葉で左、右、左と清める。

そして、祓いを行う際に奏上されるのが祓詞《はらいことば》だ。当番の神職が、神様だけに聞こえるよう、届くよう、かすかな声で奏上する。神宮には、独特の祓詞があるとされている。

日本には世界に比類ない〝調和〟や〝共生〟〝雅〟といったしなやかで美しい文明があると、私は思う。特に伊勢には千三百年の昔からひとつも変わることがなく、また未来永劫《えいごう》に受け継がれてゆく独特の文化があるといえる。

余分なものをそぎ落として心身を清め、常にすがすがしい気持ちで日々を送る――。日本が誇るべきは経済力だけではない。華美におぼれることのない、清らかで飾らない豊かな文化こそが、今、私利私欲に振り回される私たちが必要とするものではないだろうか。

神宮では、雨の日も強風にさらされる日も毎日、朝な夕なに欠かすことなく神に祈り、一年に千数百回もお祭りをすることによって国を護《まも》り、人々を護ってきた。ここに、日本の原点があると私は信じている。

神職たちは地に伏し、罪、穢れを祓い清める

内宮神苑に色づいた紅葉

Ⅲ——伊勢とその周辺

朝熊山からの朝日

平成二十三年四月十四日 掲載

息をのむ神々しさ

伊勢は風ひとつない穏やかな朝だった。まだ星明かりだけの暗闇のなか、朝熊山《あさまやま》を目指す。

朝熊山は内宮の東北約四・五キロメートルに位置する標高五五五メートルの山だ。つづら折りの伊勢志摩スカイラインを登り約二十分、朝熊山の展望台に立って鳥羽方面に目を凝らすと、大小さまざまなヒトデが触手をのばしたような、リアス式海岸の壮大な眺めが、漆黒の英虞湾《あごわん》に静かに浮かんで漂う光景が私の目に飛び込んできた。この湾でははるかな昔から真珠がとれたといわれ、日本書紀にも志摩白玉と記されている。

江戸時代、一般の人々のあいだに伊勢参りがひろまると、この山は「お伊勢参らば朝熊をかけよ、朝熊かけねば片参り」と謡《うた》われ、伊勢への参詣者たちでにぎわったと伝えられる。

波一つない静かな海面にはうっすらと雲が立ちこめていた。その帯状に漂った雲が徐々に薄赤く染まり、朝焼けに輝き始める。なんと素晴らしい光景だろう。そして、ゆっくりとその雲の間から太陽が顔を出し、晴れやかに伊勢志摩全体を包み込んでしまう。

その光はだんだん強くなり、雲の上に出た瞬間光輪が出現しその光が三百六十度に広がった！なんとも神々しい一瞬だ。私は無我夢中でシャッターを切った。そして、その荘厳さに思わず息をのんでしまった。景色の美しさだけではなく神々しく何かが見えるような光景に身が引き締まる思いになるのは私だけではないだろう。

地元のカメラマン氏いわく、ぐーんと冷え込んだ風の強い冬の朝や夏の台風一過の晴れた日には、雲海の上に富士山や日本アルプスの雄姿が見えるという。

伊勢志摩国立公園の最高峰、朝熊山から見た鳥羽湾に昇る朝日

はて、これはどこかで見た光景…そう、私がかつて『イコンの道』を取材したとき、エジプトのシナイ半島中南部にある『旧約聖書』(出エジプト記)の舞台となった聖地シナイ山に登り、その山頂から御来光を見た光景が走馬灯のようによみがえってきた。

ふと、振り返って神宮の背後を取り巻き、ふっくらとして、たおやかな姿をたたえる神路山《かみじやま》に目を向けると、かすかに赤みを帯びて輝いていた。私はこの素晴らしい光景に言葉も出ず、しばし立ちつくしてしまっていた。

神路山は古くから神宮の社殿のためのご用材を切り出した山。はるか東北から東海道を下り、伊勢湾を渡って伊勢を目指した人々のシンボルでもあっただろう。

奈良や京都から伊勢をめざし、伊賀の山地を越えた古人にとっても、広漠とした伊勢の野で最初に出合う山がこの神路山なのであった。

新古今和歌集の選者の一人で「小倉百人一首」の選者でもある藤原定家は神路山を照らす朝日を「照らすらん神路の山の朝日かげあまつ雲居をのどか

なれとは」と歌い、宮中が悠久平穏なることを祈ったと伝えられる。

神路山は一名天照山《あまてるやま》とも呼ばれたという。山々に囲まれて暮らしていた人々の目に、神路山の美しい緑はさぞ懐かしくありがたく映っていたに違いない。

地球上にはさまざまな神がさまざまな地域にいらっしゃる。しかし、それらの神々は血と血で洗うような抗争の歴史を繰り返して現在に至っている。

では、日本の神はどうであろうか。それは生々しいにおいのない自然そのもの。すべて自然から取り出してそのままの、におい立つような清浄感に包まれているといえるだろう。はるか二千年の昔から、伊勢の神を敬う人々の気持ちが、形となって、ひっそりと静かに、平穏で、清らかな神威を発信し続けている。

神仏習合の金剛證寺

平成二十三年一月十二日 掲載

神宮の鬼門を守る

伊勢と鳥羽の間にある朝熊山。伊勢神宮を右手に見ながら五十鈴川に架かる宇治橋を渡り、細道を登ってゆくのがかつての参詣道だった。しかし、今は急勾配のつづら折りの伊勢志摩スカイラインを車で上ること二十分で、左手に臨済宗南禅寺派の名刹《めいさつ》、金剛證寺が見えてくる。山号は勝峰《しょうほう》山《さん》だ。

欽明天皇の時代に暁台《ぎょうだい》上人が草庵を建て、修法したことに始まり、八二五（天長二）年には弘法大師（空海）が真言密教の道場として、この金剛證寺を建立したとされている。金剛證寺は、神仏が一体となった神仏習合の教えから伊勢神宮の鬼門を守る寺として、また霊場として、伊勢神宮と並んでこの時より信仰の対象とされてきた。

〝お伊勢参らば朝熊をかけよ、朝熊かけねば片参り〟

金色に輝く本堂。真ん中にある厨子の中にご本尊の虚空蔵菩薩像、その後ろの祠には天照大御神が祀られている

これは江戸時代のキャッチフレーズ。確かに伊勢の内宮から距離もあり、しかも当時は険しい山道を登っての参拝だったわけで、いくらお伊勢参りブームで全国からたくさんの参拝客が来たとはいえ、ここまで来る人はあまりいなかった。だから「片参り」などという言葉が登場したのではないだろうか。

金剛證寺は緑濃い山の中腹に、意外なまでに静《せい》謐《ひつ》なたたずまいで立っている。

国の重要文化財で、一九八九（平成元）年から約七年の歳月を費やして改修、竣工した本堂・摩《ま》尼《に》殿《でん》は精華で荘厳、桁行《けたゆき》七間、梁間《はりま》六間、寄棟造《よせむねづくり》で堂々たる檜皮葺《ひわだぶ》きの屋根、勢いのある軒の反り、丹《に》塗りの柱など、安土桃山時代当時の様相が見事に復元され、見るものに雄大で壮麗な強い印象を与えずにはいられない。

普段は入ることのできない本堂の中を見せていただいた。十センチ角の金箔《きんぱく》を九千枚以上使って金箔押しをした堂内は華麗にして優雅そのもの。須弥壇《しゅみだん》の上の厨子《ずし》の中には二十年に一度、遷宮の翌年にご開帳されるというご本尊、秘仏である金色の虚空蔵菩薩《こくうぞうぼさつ》像が安置されている。

そして背面側の中央にある祠《ほこら》には天照大御神が祀られている。毎朝の勤行時の経文のなかには天照大御神、熊野本宮大社、出雲大社…などの記述も書かれているそうで、これぞ神仏習合の証左と言えようか。

世界では宗教戦争が後を絶たない。血で血を洗う紛争が今日も続いていることを思えば、日本の宗教は共存共栄して平和そのものと言えるのではないだろうか。

極楽門を潜《くぐ》って奥の院に至る参道には巨大な卒塔婆一万柱以上が天にも届けとばかりそそり立っている。仏典には、一度卒塔婆を建立すると必ず安楽国に生まれるとされるため、遺族の手で建てられているのだという。

塔婆は、三メートルぐらいの角材がここでは平均サイズであろうか、なかには七～八メートルはあろうかという巨大な塔婆もある。それが石畳の道の両側にぎっしりと建てられ、いわば塔婆の壁を作っているのだ。

せっかくここまで来たからには、寺に伝わる宝が展示されている宝物館も見たいものだ。国宝や重要文化財を含んだ秘宝の数々は一九五九（昭和三十四）年の伊勢湾台風で発見された経塚から出土したもので、平安時代の経筒には神宮神主の名が刻まれており、神宮の埋経信仰をも支えていたとされる。

弘法大師が天照大御神の姿を刻んだと伝えられる雨宝童子立像《うほうどうじりゅうぞう》をはじめ、銅経筒、土製外筒、経巻（法華経、般若心経）、線刻阿弥陀三尊来迎鏡像、陶製経筒、瑞花双鳳八稜鏡など見るべきものは多い。

伊勢神宮の鬼門を守る寺、勝峰山金剛證寺の山門

五十鈴川　源流を求め

平成二十五年四月十一日 掲載

神秘的な仙人の滝

伊勢神宮の内宮に参拝するには、五十鈴川に架かる宇治橋を渡らなければならない。橋の上から見る五十鈴川の川面は、神聖な川にふさわしく清らかだ。

橋を渡り終え、白い砂利が敷きつめられた参道をしばらく進んで一の鳥居をくぐる。さらに行くと、先ほど宇治橋の上から眺めた美しい五十鈴川の川面が再び広がり、参拝に訪れた善男善女が口をすすぎ手を洗い清める御手洗《みたらし》に出る。

神宮の森がつくりだした五十鈴川は、内宮の奥に広がる神路山と島路山に水源を発する。二筋の流れは、御手洗の少し上流で一つになり、神域を流れる。ほとんど波立つこともなく、底の小石まで明瞭に見ることができる。岸辺にたたずみ、とうとうと流れる澄んだ水に手を差し入れて洗うことは、伊勢参りには欠かせない喜びであろう。

私は長い間、五十鈴川の源流を取材したいと願っていた。五十鈴川は全長およそ二十キロ、御手洗以外はむやみに人が近づくことを禁じられている。この清流はどんな森から始まるのだろうか、と。

三年前、意を決して、神宮司庁営林部課長の倉田克彦さんを訪ねた。取材を申し込んだ私に返ってきたのは、厳しい言葉。「一般の人がめったに行ける場所ではありません。道しるべもありませんし、危険ですのであなた一人で行くことは絶対無理です」

それでも、あきらめなかった。たび重なる要請に、倉田さんはとうとう「私が案内しましょう。しかし、ヒル除けのスプレー、手袋、ヘルメットも必要です。重い大きなカメラは無理ですよ。身軽な動きやすい服装が一番です」と言ってくれた。

私はいよいよ、木々の新芽が美しい神宮林に入った。二年前の五月中旬のことだ。雲一つない快晴。一般車両は通行することのできない林道を中腹まで登り、そこからは細い川の流れに沿って道なき道を登る。大きな石や倒木は放置され、自然のままの森が広がっていた。

初夏の陽気と樹林が織りなすまばゆいばかりの色模様。この時期はほんの数日間、一年で最も鮮やかに神宮の山が彩られ、生命感に満ちた風景が広がるのだという。汗まみれになり、急な斜面を登ること約三十分、上方にシャー、ザザザという滝の音が聞こえてきた。

さらに沢にへばりつくようにして登ると、上方から冷たい空気が流れ降りてきた。先導の倉田さんをふり仰ぐと、にっこりと上方を指さし「仙人の滝です」。そして、しみじみと言った。「これが、五十鈴川の源流とされている滝なのです。太古の昔から今も変わりなく清らかな水がわき出てくるのです。年間を通して水が枯れることはありません」

一見、普通の滝と変わりない。しかし、よく見ると滝の前には、木が一本、横たわっている。幹がよじれ縄目のようでもある。あたかも注連縄《しめなわ》が張ってあるようだ。

聖域ならではの雰囲気が、錯覚を起こさせたのだろうか。これは夢か現実か、それとも幻か。目をこすってもう一度見てもその光景は変わらない。縦に伸びるはずの木が横に成長し、しかも縄を編んだかのよう。誰かが意図してつくったような神秘的な光景だ。

さらに登ろうとすると、倉田さんが叫んだ。「これ以上登るのは危険です！　足場もないし、滑ります。写真が撮れただけでも非常に貴重なんですよ」。四十年以上にわたって森を守り続けてきた人の言葉は重い。私は時間の許す限り、カメラと目に光景を焼き付け、すがすがしい気持ちで神宮林を後にした。

あの時と同じ季節がまためぐってくる。先日、倉田さんに電話をし、仙人の滝についてたずねた。滝は変わることなく、美しい水を落とし続けているという。目を閉じると、あの時の涼しげな音、そして不思議な光景が今も鮮やかによみがえる。

神宮林で美しい水を落とす仙人の滝。右上方に横たわる木は注連縄のようにも見える＝２０１１年5月14日撮影

神宮徴古館

平成二十三年九月八日　掲載

歴史を映す宝物類

内宮と外宮の間を結ぶ御幸《みゆき》道路は一九一〇（明治四十四）年に明治天皇の伊勢神宮への行幸のために整備された道路で、伊勢市では最も早く舗装された道。道の両側には石灯籠が立ち並び古き良き時代をしのばせている。

この御幸道路のちょうど中間にあたる倉田山一帯は、「神宮」にまつわる美術館や博物館、文庫、大学が集まったカルチャー・ゾーンとなっている。数ある施設の中でも神宮の歴史と文化を伝える神宮徴古館は、赤坂・迎賓館の設計で知られる片山東熊の手による設計で、〇九（明治四十二）年に完成。化粧れんが石造りの堂々たる白亜のルネサンス様式の建物は、明治時代建築の代表的遺構として国の登録有形文化財となっている。

神宮徴古館では、ふだん目にすることのできない御正殿の神宝類や神の食事の中身、貴重な歴史・考古・美術工芸品など国の重要文化財十一点を含む約一万三千点の資料を見ることができる。

特に二十年に一度行われる式年遷宮の時、殿内に奉納する神様の調度品、御装束などが撤下《てっか》された御神宝類、御装束類は、その時代の最高の芸術家や職人たちの技術で奉製されたもの。「現代の正倉院」と呼ぶにふさわしい美術工芸品で、この博物館ならではの貴重な資料といえる。

展示品のなかでも特に私の琴線に触れたのは、「慶光院」に関する展示。

混沌《こんとん》とした戦国時代にあって人々の伊勢参宮は衰退し、営々と続いていた遷宮は資金不足から百年以上中断した。伊勢神宮に架かる橋（宇治橋、風日祈宮《かざひのみのみや》橋）も流され再建できないまま。橋のない状態が長く続いていた。

この荒れ果てていた伊勢神宮を救ったのが勧進《かんじん》

外宮と内宮の間にある徴古館は、神宮崇敬の歴史と日本の文化を示す総合博物館だ

聖《ひじり》と呼ばれた僧尼であった。諸国を勧進して浄財を集めて一五〇五年に宇治大橋を架け替えた守悦をはじめ、二代目の智珪、三代目の清順も四方に勧進し、四九年に宇治橋を造り替えた。後に後奈良天皇がこの功績をたたえ、彼女らに上人号を、その居院に慶光院の名称を与えた。これが院号のはじめである。

その後、清順はさらに神宮に協力し、六三年には外宮の第四十回遷宮が執り行われた。第三十九回から百二十九年目のことであった。清順は内宮の正遷宮の復活をも志したが六六年に没した。

四代目の周養が、この遺志を継いで七六年に始めた勧進の旅。収穫は、織田信長の厚い信頼を得たことだ。

武田勝頼討伐の戦勝を祈願し、周養が御札《おふだ》と熨斗蚫《のしあわび》を贈ったことに礼を伝える「織田信長黒印状」などの展示品が、密な関係を裏付ける。周養は信長から、あわせて三千貫もの寄進を受けたとされる。

さらに信長の死後には豊臣秀吉にも知遇を得ることができ、多額の寄進を受けたと伝えられる。

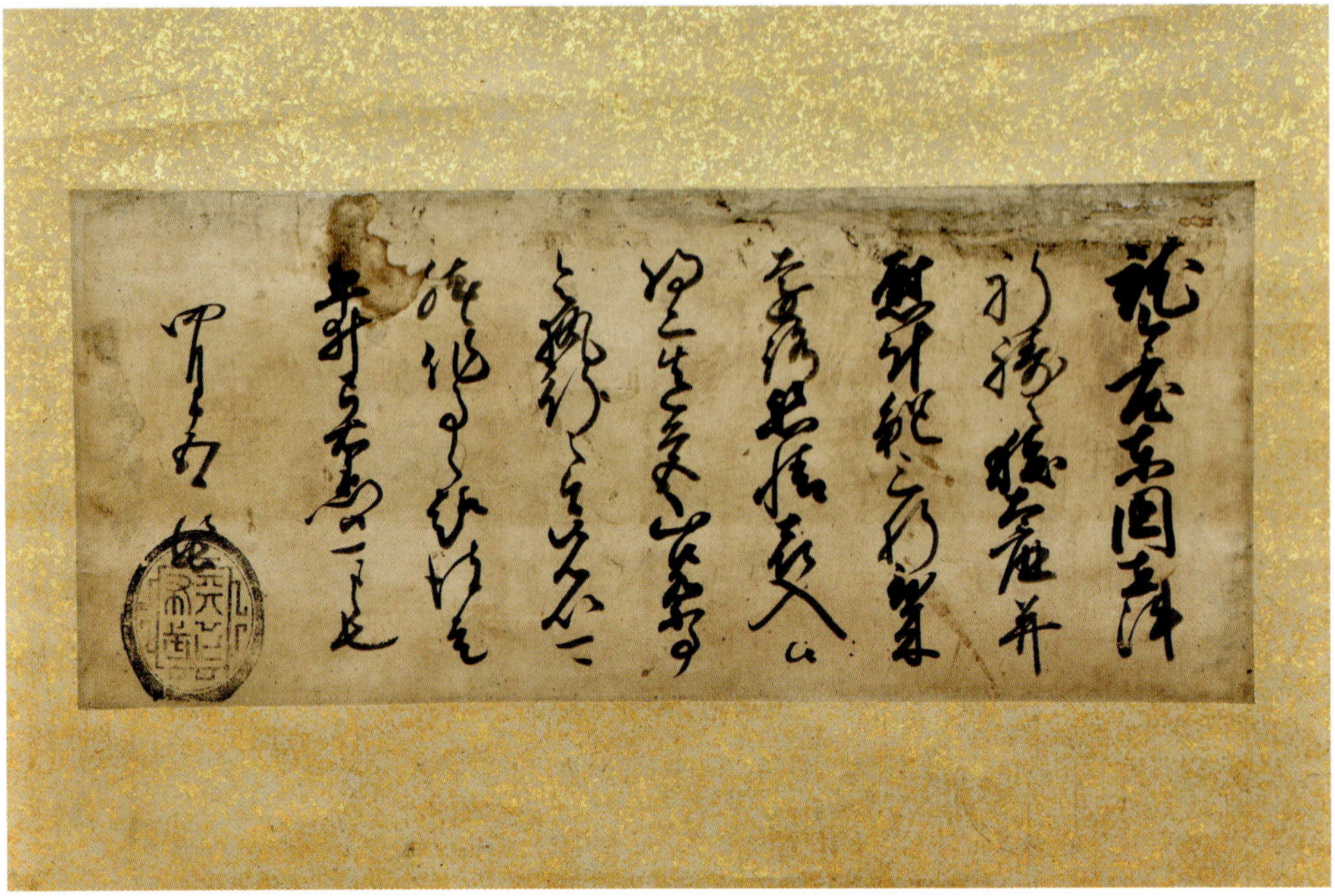

周養への礼を伝える織田信長黒印状。
遷宮用材を伐採するための「山口祭」を行うよう命じており「天下布武」の刻印が押されている

八五年には豊臣秀吉が周養らに命じて内・外宮の造替を行わせ、両宮の正遷宮をみることができた。内宮は百二十四年ぶりの正遷宮であった。

この遷宮を契機として周養は秀吉に次いで秀頼・淀君の帰依をも受け、一六〇一年、慶光院の建物が改築寄進された。次いで五代目の周清ら、歴代が遷宮浄財の勧進に尽力し、式年遷宮の再興を果たしたので、世に「遷宮上人」「伊勢上人」と称《たた》えられたという。

同時代、一五八二年、四人の天正遣欧少年使節団がポルトガル、スペイン、ローマへと派遣されて日本の状況をつぶさに報告した。彼らの帰朝後、西欧の栄光、その偉大さを少年自らに語らせることにより、キリスト教の布教が進んだことは、日本の人々の信心が混乱していた時代と軌を一にして興味深い。

そのほか、「日本書紀神代講述鈔《しょう》上」をはじめ、「倭姫命《やまとひめのみこと》世記」、「伊勢両宮曼荼羅《まんだら》図」、「斎内親王参宮図」、「皇大神宮模型」、「皮製航海図」、初代広重の「伊勢参宮宮川渡しの図」など見るものは多い。

参宮街道最終地「おはらい町」

平成二十五年一月十七日 掲載

福求め心の故郷へ

およそ千三百年以上の歴史があり、日本全国いや世界各地からも参拝客が訪れる伊勢神宮。二〇一三（平成二十五）年の正月三が日に初詣に訪れた善男善女は、式年遷宮を控えていることもあって、前年より三万人以上多い五十五万人（神宮司庁調べ）にのぼったという。

これらの参詣者の大多数が通るのが、伊勢神宮への参宮街道の最終地点とされる「おはらい町」。おはらい町とは、現在の浦田橋付近から五十鈴川に沿って内宮の宇治橋のたもとまで約八百メートルにわたって続く、石畳を敷き詰めた美しい街並みのことを言う。

お伊勢さんらしいレトロな雰囲気がたっぷり詰まった道の両側には、伊勢の代名詞ともいえる赤福をはじめ、土産物店や飲食店、商家が軒を連ねている。伊勢うどんや手こね寿司といった郷土料理を供する店、真珠や伊勢茶などを販売する店など、さまざまな店が晴れやかに輝いている。

私が訪れた元日は、この一見江戸時代にタイムスリップしたかと錯覚してしまいそうな通りに、大勢の人があふれていた。普段の日であれば十五分もあれば通り抜けられるこの通りが、一時間以上もかかる混み具合だ。

これから初詣に向かう人、逆に参拝を終えてお札などが入った紙袋や破魔矢を手に上気した表情の人…。交通整理をする係員もいないのに、自然にお互いに譲り合って秩序正しく、おはらい町の散策を楽しんでいる。

これは、お伊勢参りという、ひとつの目的に集約された人たちのなせる技なのであろうか。世界広しといえども、おはらい町に見られる秩序と規律を守る姿勢は、互助精神にたけた日本人独特の特徴といえるのではないかとすら感じた。

伊勢神宮の鳥居前町として栄えたおはらい町は、江戸時代には年間二百万~四百万人の参詣者が訪れたとされる。まさに、地方の人々にとってはあこがれの地でもあった。

当時、日本全国に足を延ばして参詣者を集める役目を果たしたのが「御師《おんし》」と呼ばれた人たちだ。おはらい町は、御師がこの通りに館を連ね、彼らが授与したお札を「お祓《はら》い」と呼んだことに由来する。また日本全国から集まった参詣者をお祓いや神楽でもてなしたこともゆえんという。

しかし、時は移り、明治時代に御師の制度が衰退していくと、おはらい町の伊勢らしい建物は、次々と新しい建物に建て替えられ、観光客からは見向きもされなくなり、日本的な心の故郷の魅力は衰退してしまった。この現象を憂慮した伊勢市は一九八九年に市まちなみ保全条例を制定。町並みの再生に取り組み、わずか十年で江戸時代の活気がよみがえった。

通りの中ほどにある、かつては神宮司庁の本部であった神宮道場と、式年遷宮の復興に尽くした尼僧・慶光院ゆかりの家で祭主の職舎として使われている二つの大きな建物を除けば、切り妻、入り母屋、妻入様式という伊勢独特の二階建て民家が立ち並んでいる。

また、九三年にはおはらい町の一画に、伊勢路に残っていた代表的な建物を移築、再現した「おかげ横町」がオープンした。今は、おかげ参りの盛んであった江戸時代さながら、福を求める人々でにぎわっている。

晴れやかな和服で初詣

元日、大勢の人たちでにぎわうおはらい町

御塩作り

平成二十三年八月十一日 掲載

自然に即しての営み

伊勢の内宮は天照大御神を祀《まつ》り、外宮は天照大御神の大御饌《みけ》（食物）の守護神である豊受大御神を祀っている。

天照大御神は朝、夕と一日に二度、外宮に食事に訪れる。そのため、外宮には日に二度、白装束に身を固めた神官によってご飯、野菜、塩、水などが恭しく運ばれている。

神宮では『祭祀集覧』に「朝夕供進の御饌は、黒米蒸飯、二見浦の堅塩、天忍井《あめのおしおい》の御水、是の三種なり」と記されている。生命の源である米、塩、水は太古から大御神の大切なお供えとされてきた。とりわけ、二見浦の御塩《みしお》は、お祭りの際にお供えとしてささげられるだけではなく、お清めの塩としても使われているのだ。

二見浦から天皇に御塩を供進することは、第十一代垂仁天皇の御代、約二千年前、皇大神宮ご鎮座当時に始まったと伝えられる。伊勢神宮で使用される塩は、昔ながらの独特の製法で、今日まで休むことなく伝統が守られている。

内宮から北東約八キロのところにある二見浦近くの五十鈴川河口に近い汐合橋をわたり、北に約五百メートル、二見町西、五十鈴川の堤防に接したところには海水と淡水が出合う汐合という場所がある。この川の堤防の内側に御塩浜（縦三十八メートル、横三十一メートルの塩田）はある。

御塩浜では営々と独特の神様の御塩作りが行われてきた。そこには、人が自然に即して生きてゆくという姿がある。私たちが失いかけているかけがえのない自然との共生が、現在にもいきいきと受け継がれていることを見る思いがした。

毎年、一番暑い七月下旬の土用のころ、干満の差を利用してこの浜を五十鈴川の汽水で満たす。

塩田で使用する“浜ぐわ”で、砂をむらなく平均してまく作業を繰り返す奉仕員

炎暑の天日で水を蒸発させると、塩分濃度20％前後の鹹水《かんすい》（塩分を多量に含んだ水）が得られる。この製法は「入浜式」といわれる。

海水だけでなく、淡水が少し混じっていたほうがよりきめ細かで、ミネラルを豊富に含んだ塩ができることを先人は経験と知恵で知っていたのだ。炎天下、古来の方法での御塩作りは重労働で、見ているだけで汗が噴き出るが、木々の間から吹きぬける風の心地よさは例えようもない。

自然を読みながらの作業には、長い経験と英知により人間が本来持つ感性が生きているのだろう。潮の干満は月の満ち欠けにも影響を受け、御塩作りは宇宙の動きともつながっていると奉仕員は語る。

浜の砂をまいたり、集めたりする時には、塩の結晶が逆光に映えて美しくキラキラキラと光る。ネパールのポカラで、神々しいまでに光り輝く美しいヒマラヤの山々を見た時に感じた光景がよみがえる。

この作業は約一週間行われ、出来上がった鹹水は樽《たる》に詰められ、約一キロ離れた二見浜を見渡す御塩殿神社内の汲入所へと搬入され貯蔵される。
汲入所の斜め横には御塩焼所と呼ばれる建物がある。ここで八月上旬に一昼夜交代で釜をたくと、二〜三日で三石〜四石の荒塩が得られるという。

その荒塩はさらに年に二回、三月と十月に仕上げの焼き固めが行われる。一辺十センチほどの三角錐《すい》の土器に詰め、竈《くど》に入れて焼き固めるのである。出来上がった堅塩は、石のように堅く、にがりが消え、真っ白に変色し、おいしさが増して神宮に奉納される。

脚光を浴びることもなく黙々と伝統をつないできた人々の数千年の蓄積。それこそが伊勢神宮の凄《すご》さなのであろう。

荒塩は三角形の土器に詰め竈で焼く

神様が食す御幣鯛

平成二十三年十一月十日 掲載

満艦飾で華やかに奉納

めでたい…。古来、日本人は鯛《たい》という魚をもって〝祝い事〟をつかさどってきた。

お食い初めにはじまり、結納や結婚などお祝いの席には必ずと言っていいほど鯛を添えてことほいだ。約千三百年も前の奈良時代、すでに宮廷に献上された記録も残っている。

伊勢神宮でも、鯛は大切な海の幸とされ、日々のお祭りや祝い事には欠かすことができない。鯛は御幣鯛《おんべだい》といわれ、神様のお食事である神饌《しんせん》になくてはならない特別な魚となっている。

三節祭と呼ばれる六月と十二月の月次祭《つきなみさい》、十月の神嘗祭《かんなめさい》には、伊勢の対岸、愛知県知多半島の師崎港近くに浮かぶ篠島から調進される干鯛《ひだい》が、神饌としてお供えされる。

神様に収穫を感謝し、新しい穀物をささげる秋

干鯛は、愛知県篠島にある御料干鯛調整所で、伝統にのっとった製法で調整される

の神嘗祭は、伊勢神宮では一年を通じて最も重要なお祭り。数ある神嘗祭の行事のなかでもひときわ華やかなのが、干鯛の奉納だ。

二〇一一（平成二十三）年もさる十月十二日朝、神宮への奉納であることを示す「太一御用」（「たいち」は天照大御神の意）の幟《のぼり》を掲げた漁船六隻が、篠島から約一時間をかけてやってきた。大漁旗で飾り立てた満艦飾の船が白波を蹴立てて進む姿は誇らしげだ。

伝えられるところによると、この「太一御用」の幟を掲げて航行する奉納船には、他の船は航路を譲ったとされる。海賊もこれを避け、陸路では大名行列も下馬し御幣鯛奉納の行列を妨げなかったという。

一行を迎える地元は水先案内船を出して洋上で合流、船団を湾口から導き、ともに瀬田川沿いに開けた神社《かみやしろ》港に入港した。御幣鯛奉納行列一行は港で鼓笛隊の演奏や子供木やり歌の歓迎を受けた後、内宮に向け出発。黒の式服姿の役員に先導され、白装束に身を固めた若手漁師らが、鯛の入った唐櫃《からひつ》を担いで宇治橋を渡り参道を粛々と参進した。

海上で潮風に吹かれていた幟は、清らかな神宮の風を受けて晴れ晴れとたなびく。行列は御幣鯛を誇りとする篠島の漁民たちの心意気を表しながら神宮の森を粛々と進み、五丈殿前で神宮に引き渡された。

その昔、倭姫命《やまとひめのみこと》一行が船で伊勢湾を御巡幸されたとき、篠島に立ち寄り、ここを御神領と定め荒御魂《あらみたま》をお祀《まつ》りした。そして、篠島周辺の海でとれた見目麗しく豊かな鯛を御覧になり御贄《みにえ》所と定めたと伝えられる。一時中断はあったものの、島から神宮への干鯛の奉納はそれ以来、今日まで固く守られてきた

生きた鯛の内臓を取り除いた後、井戸水で洗って海水で浄《きよ》め、食塩をたっぷり入れたたるに漬けておく。それを西風の強い日に再び海岸に運び、塩洗いして一枚ずつ広げ、しめ縄を張った青竹が囲む浜で干したものが干鯛だ。

篠島は鎌倉時代から神宮領とされ、現在も篠島にある神明、八王子の両神社は内宮の東宝殿の古材で遷宮が行われており、伊勢神宮とのかかわりは深い。島では年に三回、三節祭が近づくと、大小二種類の干鯛の調整を行い、一年間に計五百八枚を神宮に奉納しているという。

神様の召し上がる食材に時間をかけ、真心と丹精込めて作り続ける約千三百年もの伝統をもつのは世界にも例がなく、日本だけではないだろうか。いや、伊勢だけに相違ない。

親しまれた〝七里の渡し〟

平成二十四年五月十日　掲載

一の鳥居　崇高に迎え

お伊勢参りが盛んになったのは、戦乱の世の中が落ち着いた江戸時代とされている。五街道をはじめとする交通網が発達し、参詣が容易になったことも影響したのではないだろうか。随所にあった街道の関所が徳川幕府の天下統一により一部を除いて撤廃され、参詣への障害が取り除かれたことも原因の一つと言えるだろう。

当時は庶民、特に農民の移動には厳しい制限があったが、伊勢神宮参詣に関してはほとんどがノーマークで許される風潮であったと伝えられる。特に商家では、伊勢神宮に祀《まつ》られている天照大御神が商売繁盛の守り神でもあったので、女房、子供や奉公人が伊勢参詣の旅をしたいと言い出した場合には、親や主人がこれを止めてはならないとされていた。たとえ親や主人に無断でこっそりと伊勢神宮参詣の旅に出ても参詣をしたお守りやお札などの証拠品を持ち帰ればおとがめはなかったそうだ。また、お伊勢参りは、一文も持ち銭がなくとも旅ができたほど社会的サポートが受けられたという。

江戸時代に活躍した絵師、歌川広重が描いた名作「東海道五十三次」の四十一番目には宮宿（名古屋市熱田区）、四十二番目には海の上から描いたと思われる「桑名宿」（三重県桑名市）がある。宮宿と桑名宿の間は江戸時代の東海道唯一の海路で、その距離が七里（約二十八キロ）であったことから〝七里の渡し〟と呼ばれ親しまれた。

お天気の良い日は、さぞかし楽しい船旅であったろう。この渡しには三～五人乗りの特別仕立ての小舟から四十～五十人乗りの大型乗合船まであったようで、所要時間は約四時間であったという。

一方、天候不順で出港できないこともたびたびあったと伝えられる。なぜ人々は海路を使ったのであろうか。熱田から伊勢まで陸続きで行こうとすると、線上には木曽、長良、揖斐と三つの大きい川があり、並んで伊勢湾に注いでいる。それらの川を越えるのを避けるためだ。

海路をとればショート・カット、風さえ良ければ宮宿から三時間余り、船旅は陸路を行くよりもずーっと楽。料金も米一升の値段と同じくらいでお手ごろだったと伝えられる。

船が揖斐川の河口にひらかれた桑名湊《みなと》に近づくにしたがって、海にせり出すように築かれた桑名城のシンボル、蟠龍櫓《ばんりゅうやぐら》の偉容が波の合間に見え隠れする。天に昇ろうとする直前の龍をかたどった蟠龍瓦が屋根に据えられているのが特徴で、伊勢参りの人たちの心はいやがうえにも高まっただろう。

桑名側の船着き場の西側には船番所、高札場、脇本陣駿河屋、大塚本陣が、南側には人馬問屋や丹羽本陣があった。東海道を行き交う人々でにぎわい、桑名宿の中心として栄えていたとされる。

七里の渡しの船着き場は伊勢の国の入り口に当たる。そこにある鳥居は、伊勢神宮の宇治橋前の鳥居が天明年間（一七八一～八九年）に建てられたのが始まりといわれている。それ以来、二十年に一度の遷宮のたび、宇治橋の鳥居が下げ渡されるようになり、桑名ひいては伊勢の国を守る神宮の玄関口となっている。

桑名側は第二次世界大戦後も船着き場の雰囲気が残っていたが、一九五九（昭和三十四）年の伊勢湾台風で壊滅的な被害を受けた。現在は渡し跡の前に堤防が築かれたため、風景は江戸時代と異なってしまった。ちょっと寂しい気持ちもするが、天に向かってそびえ立つ鳥居は静かな面持ちで美しい。

外国からの来訪者が海路この港に着いたなら、どんな印象を受けるだろうか。彼らを迎えるのは、木で造られた鳥居。一切の飾り（デコレーション）を排除した神聖なたたずまいが、きっと印象に残るはずだ。世界中、どの遺跡を探しても同じような設《しつら》えは皆無なのではないだろうか。

江戸時代、伊勢参りの多くの善男善女を受け入れた七里の渡し跡。右奥が再建された蟠龍櫓＝三重県桑名市の九華公園で

勢田川沿い、かつての問屋街「河崎」

平成二十五年九月十二日 掲載

板塀に余情あふれ

伊勢の海と内宮、外宮の両宮を結ぶ川は三本ある。式年遷宮の際、新宮に奉納するためのお白石を拾い集める宮川。内宮に沿って流れ、宇治橋が架かる五十鈴川。この二つの聖なる川に対し、長年にわたり庶民生活と深く結びついてきた川が、伊勢の街なかを流れる勢田川だ。

今でこそ、お伊勢参りといえば、陸路をたどるのが普通になっている。しかし、かつては伊勢湾を横断し、海路でお伊勢参りに来た人たちも多かった。愛知の三河地方や、現在の静岡県西部を指す遠江《とおとうみ》から訪れる人々は船で勢田川をさかのぼり、二軒茶屋から上陸して、お伊勢さんにお参りしたのだという。

二軒茶屋という名の由来は、この上陸地点に饂飩《うどん》の「湊や」と、餅の「角屋」があったから。現在、湊やはなくなってしまったが、天正年間に創業したという角屋は、まだ残って営業を続けている。

その昔、船参宮の船は「どんどこさん」と呼ばれていたとか。これは船が勢田川に入ると、鉦《かね》や太鼓を「どんどこ」とたたいてにぎやかにはやしたてながら川をさかのぼったからだという。一八九七年に、参宮鉄道が宮川から山田駅まで敷かれるまでは、勢田川は伊勢の大動脈であったのだ。

その勢田川沿いの港町「河崎」は、伊勢街道と二見道のちょうど中間点にあり、外宮へは陸路で一キロと抜群の地の利があった。江戸時代には伊勢湾周辺の港から、お伊勢参りの善男善女の胃袋を満たすため、食料品を含むいろんな物資が船で運ばれて大きな問屋街へと発展。参宮客でにぎわう〝伊勢の台所〟として栄えていた。加えて、木曽川から筏《いかだ》に組まれて海まで下った木材の集積地でもあったという。その河崎は周囲を囲う堀である

勢田川の左岸に約1キロにわたって続く細長い街並み。文政13（1830）年には年間約500万人もの参宮客があり、それをまかなう物資でにぎわったという＝三重県伊勢市で

環濠《かんごう》を備え、外部とつながる橋のところには四つの惣門《そうもん》があった。惣門は夜になると閉じられ、外からの侵入者を阻んでいた。

河崎は、近年になって問屋街としての役割を終え、住宅地へと変貌した。それでも、現在、街には、かつて物資を収めた七十棟近くの土蔵が現存している。築百年から二百年のものが多く、最も古い土蔵は築二百七十年ほど。

ほとんどが白い漆喰《しっくい》壁の外側を黒い板塀で覆われている。この鎧《よろい》のような板塀が河崎の特徴で、普段は雨風をしのぎ、火災になると取り外せるという優れもの。魚の油で練った防腐剤を塗った黒い土蔵の街並みは川面に映えて幽玄な雰囲気をつくり出している。

その一つが、河崎を代表する商家で、すべての建物が二〇〇一（平成十三）年に国の登録有形文化財に指定された旧小川商店だ。一九九九（平成十一）年に廃業を余儀なくされたものの、全部で蔵七棟、町家二棟など約六百坪の敷地を誇っている。

往時の風情あふれるこの旧小川商店を後世に伝えようと、有志がＮＰＯ法人を設立、伊勢市の協力を得て二〇〇二（平成十四）年、資料館「伊勢河崎商人館」としてオープンさせた。この運動は地元の人々が街の歴史を見直すきっかけのひとつとなり、以後、蔵の再利用を通しての町おこしが盛んになったとか。

今、約一キロ余の通りを歩けば、土蔵や町家は酒亭や豆腐屋、カフェに再利用され、整備された伝統の民家や蔵の数々を見ることができる。

また屋号や家紋、「隅蓋《すみぶた》」と呼ばれる飾り瓦などをあしらった蔵などが見られるのもこの街ならではのこと。

こうして十一年の歳月をかけながらも、挫折せずに再生できたのは、かつての商人魂が刻み込まれた人たちが住んでいたからに相違ない。蔵を改装した居酒屋で、地酒を傾けながら、地の魚に舌鼓を打っていると、過ぎし日の街のざわめきが聞こえてくるようである。

御師の館

平成二十五年十一月十四日 掲載

もてなしの心意気

～伊勢に行きたい　伊勢路が見たい　せめて一生に一度でも　わしが国さは　お伊勢が遠い　お伊勢恋しや　参りたや（伊勢音頭より）

かつて伊勢は神領として位置づけられ、神宮の権禰宜《ごんねぎ》クラスの神官で、今日でいう旅行エージェントと旅館業を営む「御師《おんし》」と呼ばれる人々を中心に、一八七一（明治四）年に御師制度が廃止されるまで自治都市として栄えた。御師は主に江戸時代、神宮の御札《おふだ》を持って全国を回り、伊勢信仰を広めた人々だ。全国に檀家《だんか》を持ち、伊勢講を組織して「伊勢参り」の仕掛け人として活躍した。広大な敷地と立派な屋敷構えの御師の館は伊勢に八百戸以上あったとか。

現在、その中でただ一軒、往時の面影を今に残す御師の館が、外宮に近い烏帽子《えぼし》世古（現・三重

玄関から客間に通じる廊下には、その昔の栄光の面影が残る

県伊勢市宮町一）に現存する。長い歴史と格式を感じさせる名がついた路地を入った場所にある黒い外囲いの続く大きな屋敷。これが、江戸時代に「御師の館」として栄えた丸岡宗大夫邸だ。丸岡宗大夫は代々御師を営むとともに町年寄りの一員として神領伊勢（山田）の自治を担ったという。

丸岡家第十八代当主の正之さんによると「十数年前まで母親が一人で住んでいましたが、亡くなってからは空き家のままにしておいたために傷みが激しく、大掛かりな修繕を要する状態です」と言う。

そのため今は、伊勢市のNPO法人「旧御師丸岡宗大夫邸保存再生会議」が組織されている。建物の改修に加え、見学会、フォーラムなどを通してこの〝時代の証人〟ともいえるすばらしい建物の周知を図るとともに、外宮前の町歩きの拠点の一つになることを目指してる。

館は一六七〇（寛文十）年にあった山田の大火で焼失、現在の母屋はその後再建されたものであるという。残されている建物は、往時の御師邸と同じく平屋建てで床面積は七十坪ほど、部屋数は十一。屋根は桟瓦《さんかわら》ぶきとなっており、門は長屋門といわれる頑丈な門で、冠木《かぶき》を受ける太い柱間に八双金物が付いている。二枚の大きな開き戸には花菱形《はなびし》などの飾り金具が打ち付けられ、繁栄ぶりが垣間見え、豪壮な趣が漂う。

保存再生会議会長として活動する阿形次基さんの案内で中に入ると、式台があった。式台のところで客を送迎して礼を尽くしたのだという。ここに立つと、過ぎ去った昔のにぎやかな人々の声が聞こえそうな錯覚に陥るのは私だけだろうか。

阿形さんによれば、その昔は、三百十坪の敷地に二十〜三十の部屋がある大きな屋敷であったと推測できるという。屋敷の中に入ると、玄関は修復が済んだのであろう、畳も板戸もしっかりとしていた。

その右隣には、来客たちを豊かな海の幸、山の幸を調理してもてなしたと想像できる広い台所があったと想像できる土間があった。その黒光りする柱の木組みが往時の繁栄ぶりをしのばせている。

滝原宮の遷宮

平成二十四年九月十三日 掲載

存在感放つ聖なる覆屋

伊勢神宮に祀《まつ》られているのは、天照大御神《あまてらすおおみかみ》と豊《とよ》受大御神《うけのおおみかみ》だけではない。荒祭宮《あらまつりのみや》や滝原宮《たきはらのみや》など〝宮号〟を許された別宮から、摂社、末社、所管社にいたるまで実に百二十五社、百四十一柱もの神たちが祀られている。

〝元伊勢〟の呼び名で、最近は聖地としても親しまれている滝原宮は、伊勢市から宮川を約四十キロさかのぼった山間に、ひっそりとたたずんでいる。元伊勢とは、伊勢に神宮が鎮座する以前、天照大御神が一時祀られたことを意味する。伝説によれば、天照大御神の鎮座場所を探していた倭姫《やまとひめの》命《みこと》がかつて、この地に宮を建てたという。

こけむした参道には、歴史の古さを表すかのように、樹齢四百年はゆうに超える杉の巨木が林立している。うっそうと茂る老木に遮られた日差しは弱い光を投げかけるだけで、空気はひんやりとし、玉砂利を踏む足音すら、閑散とした雰囲気を妨げることはない。

滝原宮を護《まも》る深い森には、いたるところに大小さまざま、名もない多くの滝があるという。滝原という名のゆえんだ。水音が森にこだまし、幽寂な気配が漂っている。滝にも神が宿っているようだ。古《いにし》えの人たちは、谷水の下りる清冽《せいれつ》な姿に、心を込めて祈りをささげたのではないだろうか。

四百メートルほど参道を進むと、にわかに視界が開ける。そこが滝原宮であった。二つの社殿が仲良く隣り合わせに立っている。ひとつには安らかで静的な和御魂《にぎみたま》、もうひとつには活動的な荒御魂《あらみたま》が祀られている。

両社殿とも簡素な造りで、規模も大きくはない。しかし、その飾り気のなさが、深い森の静けさと響き合う。神と身近に接している―。そんな思いが体中に感じられる。

伊勢から遠く離れた地にある滝原宮は〝大神の遥《とおの》宮《みや》〟と呼ばれ、天照大御神とかかわりの深い神々を祀っており、格式が高い。内宮を参拝する前に、天照大御神となじむことのできる願ってもないお宮といえるのではないだろうか。

初夏には蛍が舞い、冬には霜がおりて朝もやが美しいという。夜間には立ち入ることは許されないが、月の青白い微光に浮かび上がる社殿は、聖なる美しさに包まれるそうだ。社殿の前に立ちつくし、目をそっと閉じてみよう。そして、天を見上げれば、その森閑としたたたずまいがいともたやすくまぶたに浮かぶ。

この滝原宮も、伊勢神宮に準じて二十年ごとに、神宮から一年遅れて遷宮が行われる。来年、新しい宮が建つ予定の御敷地に、今はぽつんと小さな覆屋《おおいや》があった。私は本殿よりも、この素朴な覆屋に一層心を惹《ひ》かれた。

広々とした殿地の中央に立つ小さな覆屋。なんと不思議な光景であろうか。見ることも触れることも、それについて語ることさえはばかられる聖なる覆屋は新殿を建てる正中の尊い場所を覆っている。

あたかも、この小さな覆屋の一点に全空間が凝縮されたよう。時空を超越した圧倒的な存在感すら感じられる設《しつら》えは、半生にわたって諸外国を旅し続けている私にとって、とても神聖で新鮮な驚きであった。

滝原宮の御手洗場。谷川の水で手と口を清めるのも心地よい

新しい宮が建つ予定の御敷地。敷き詰められた白石の中央に正中の覆屋がたたずむ＝三重県大紀町の滝原宮で

猿田彦神社

平成二十五年十二月十二日 掲載

良い方向へ導く神

　伊勢の杜《もり》を舞台に繰り広げられた二十年に一度の第六十二回神宮式年遷宮が滞りなく終わって、二カ月が過ぎた。古式豊かで平安朝の絵巻物を見るかのような荘厳な儀式が済み、神宮には今、奥に広がる御杣山《みそまやま》から吹き下りる清らかな風が満ちている。この風は、五十鈴川沿いに開けたおかげ横丁を縦断していく。

　神宮への参拝者は、遷宮の後も途絶えることなく、かえって増えているのではないだろうか。おかげ横丁は、通りを行き交う大勢の参拝客でにぎわっている。横丁の人たちは、予想をはるかに上回る〝神宮景気〟にほくほく顔だ。間近に迫った正月の準備に追われながらも、あちらこちらで笑みがこぼれる。

　横丁を抜けた御杣山からの風はさらに、内宮近くにある猿田彦神社の杜へと伝わっていく。同神社の御祭神である猿田彦大神は「みちひらき」の神様として知られる。「ものごとを最初にお知りになり、万事つつがなく最も良い方向へ『おみちびき』になる」神様と伝えられ、地方から神宮参拝に訪れる善男善女たちにとり、道先案内人的な役割を担っているといえようか。

　神宮第一の古典『皇大神宮儀式帳』などにあるように、皇女倭姫命《やまとひめのみこと》が神宮鎮座の地を求めて巡幸した際、大田命《おおたのみこと》が、五十鈴川の上流に位置する宇《う》遅《じ》（宇治）を勧めたのだという。大田命は同神社の宮司を代々務める宇治土公《うじとこ》家の遠い祖先であり、猿田彦大神の御裔《みすえ》とされる。宇遅は猿田彦大神が開拓したと伝えられる場所で、その地に皇大神宮（内宮）が造営されたのだ。

　頬をなでる穏やかな風に誘われて鳥居をくぐると、正面に社殿を仰ぐちょうど中ほどに、方位を

パワースポットとしても近年注目を集める猿田彦神社＝三重県伊勢市で

示す八角形の石が置かれている。近年のパワースポットブームで、この石は大きな注目を浴びているという。私が行った日も、近くに住む人はもとより、遠路はるばるお参りに訪れた若者たちの姿も目立った。参拝客の手で磨かれたのだろうか、石の表面はピッカピカに光っていた。墨跡も鮮やかに、子、丑《うし》、寅《とら》…など方位を意味する文字が刻まれている。決められた方位の文字に手を当てて祈願すると願いがかなうといわれているとか…。

正面には、宇治土公家のご先祖である猿田彦大神をお祀《まつ》りした本殿が麗々しくそびえる。どこからか響いてくる「シャンシャン」という鈴の音が心地よくうれしい。「すべてのことに先駆ける『みちひらき』の猿田彦大神は、人々を良い方向に導きます」と、案内の巫女《みこ》さん。「その信仰は全国的な広がりがあり、方位除、災除、地鎮、事業繁栄、交通安全、開運…などのご祈祷《きとう》が連日行われているのですよ」と教えてくれた。

若いころから海外での取材が多かった私にとり、聖地伊勢で、日本の神々に触れ、その神々を敬う人々、そして古来脈々と受け継がれたさまざまな儀式や技を目の当たりにできたことは、本当に新鮮だった。今年も間もなく暮れようとしている。地球上には多くの神がいらっしゃり、多彩な信仰があると思うが、来年以降、多くの人が良い方向へ導かれることを願ってやまない。

白石持ち行事に参加するため、猿田彦神社の境内に集まった宇治奉献団のみなさん

【参考図版】20年ごとに新調される御神宝

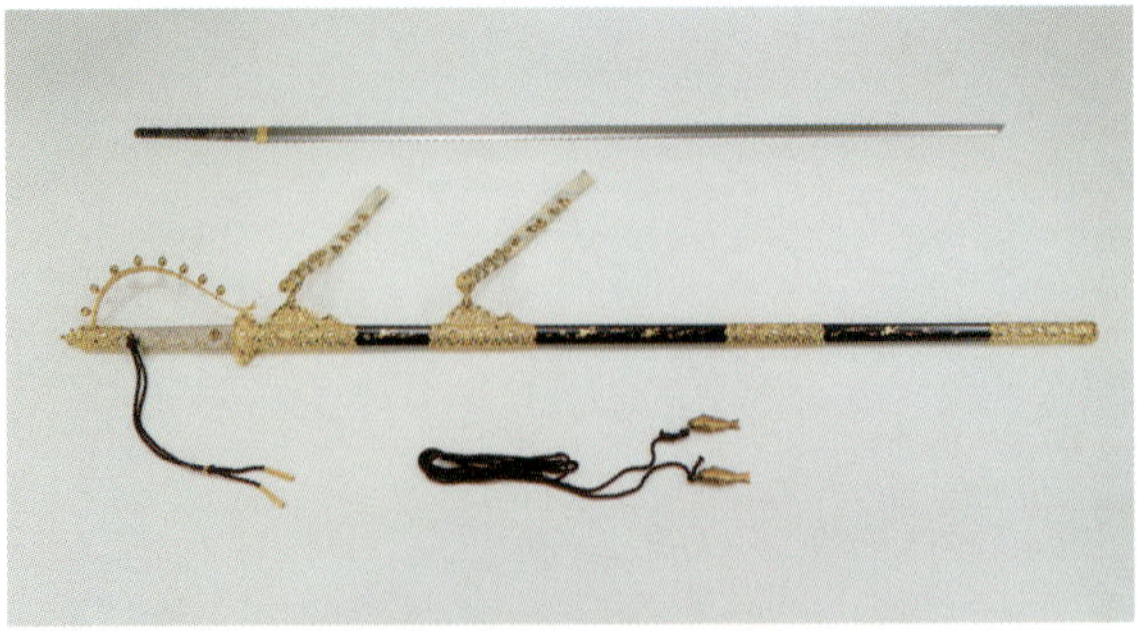

第一御太刀（だいいちのおんたち）

玉佩（ぎょくはい）

御鏡（みかがみ）

御鏡（みかがみ）

鶴斑毛御彫馬（つるぶちげのおんえりうま）

写真提供：神宮徴古館

【参考図版】空から見た伊勢神宮

20年に一度の式年遷宮で建て替えられた、伊勢神宮の新社殿（左）と現社殿＝2013年 9月25日

伊勢神宮内宮の新社殿（手前）と現社殿＝2013年 9月25日

撮影：中日新聞社写真部（ヘリ「あさづる」から）

御正殿（内宮）天照大御《あまてらすおおみ》神《かみ》をお祀りする皇大神宮（内宮）は、御鎮座以来約二千年、式年遷宮がはじまって千三百年の古代建築様式を今に伝える唯一神明造である。

櫓の素木を古代のままに木組みをし、大きな茅葺き屋根が上部を覆う。棟には十本の鰹木《かつおぎ》が並び、屋根の両端には破風《はふ》の先端が屋根を貫いて千木《ちぎ》となる。また屋根の両妻には、太い棟持柱が棟木を支えるように立っている。

豊受大御神《とようけおおみかみ》をおまつりする豊受大神宮（外宮）は雄略天皇の二十一年、内宮より五百年ほど後に鎮座した。豊受大御神は天照大神の御《み》饌都神《けつかみ》、つまりおめしあがりになる大御饌《おおみけ》（食物）をつかさどる神、ひいては衣食住の守護神としてあがめられている。内宮とともに御正殿と呼ばれる。

日本の心　第六十二回神宮式年遷宮

～あとがきにかえて～

南川三治郎

今から二千年前、天照大神が選んだ地、伊勢。伊勢神宮は天照大神を祀る内宮、豊受大御神を祀る外宮を中心とし、別宮、摂社、末社など一二五社から成り立つ。天照大神は太陽の神様、豊受大御神は食事の神様で、お米も野菜も塩も服も自給自足ですべて手作りだ。そして伊勢神宮では年間を通じて千五百ものお祭りが行われている。

また二十年に一度神様がお引っ越しになられる「式年遷宮」は、千三百年前と変わることのない伝統や技術が脈々と受け継がれ、古式通り正確に前代の旧殿をそっくりそのまま建て直し、枕や布団などの調度類から神宝まですべてが新調され、技術の伝承がなされている。

私が前作『日・欧巡礼の道』の〈熊野古道〉取材が終わり、伊勢の地に着いたのは平成十八（二〇〇六）年七月三十日、雲一つない快晴だった。

清流五十鈴川の流れを見よう…と五十鈴川河畔に向かうと、賑やかな木遣りが聞こえ、麗々しく飾られ第六十二回式年遷宮のための巨木のご用材を積んだ桜木町の木橇が川面に浮かんでいた。その神々しさに思わずシャッターを切っていた。

この一枚の写真がきっかけで八年後の今日、本書の出版と三重県総合博物館での伊勢神宮『第六十二回式年遷宮』展に結実し、展示されることはこのうえない喜びである。

もう一つ、このプランを後押ししてくださったのが、平成二十三（二〇一一）年四月から平成二十五（二〇一三）年十二月まで中日新聞文化面に月一回掲載された『聖地 伊勢へ』で、この連載を勧めて下さったのは中日新聞社の土岐正紀さんであった。

若い頃から海外での取材が多かった私にとって、聖地伊勢で、伊勢の神々にふれ、その神々を敬虔の念をもって敬う人々、そして千三百年以上前から脈々と受け継がれてきたさまざまな儀式や技を目のあたりにし、私の心とレンズを通して記録できたことは、ほんとうに新鮮な経験だった。

終わりに、快く取材を受け入れてくださった神宮司廳に心よりお礼を申し上げる。この企画に賛同してくださった公益財団法人岡田文化財団の岡田卓也さんの理解が得られたことは幸いであった。また伊勢の地で快く仲間に入れてくださった中谷恵子さんと宇治中ノ切町の皆様にお礼申しあげる。

また原稿に目を通していただいた石井昭郎、飯田信行さん、中日新聞社文化部の金井俊夫、宮川まどか氏にお世話になった。

本書の編集には中日新聞の 井鍋雄介さんにお世話になった。改めて係わって下さった全ての皆様に感謝いたします。多謝。

Camera, Lenz and Films:

Linhof Technikardan 4x5, Fjinon SWD 65mm, 75mm, 90mm, SW150mm, 210mm, 450mm.

Fuji 6x9 GSW.

Fuji GX617.

Nikon F4, Lenz: Nikkor 16mm, 24mm, 85mm, 105mm.

Nikon D3x, D4, D800, D800E, Lenz: 10.5mm, 14mm, 14-24mm, 24-70mm, 70-200mm, 200-400mm.

Fujichrome: 135, 120, 220, 4x5.

Assistant photograph : 加藤直人

南川三治郎（文・写真）

写真家。1945（昭和20）年、三重県いなべ市生まれ。東京写真大学（現・東京工芸大学）卒業。ミロら芸術家の日常に迫った『アトリエの巨匠たち』で日本写真協会新人賞を受賞。1986（昭和61）年、『推理作家の発想工房』で日本写真協会年度賞を受賞。『イコンの道』『ヴェルサイユ宮殿』など著書多数

聖地 伊勢へ

2014年4月20日　初版第一刷発行

著者｜南川三治郎

発行者｜野嶋庸平

発行所｜中日新聞社　〒460-8511　名古屋市中区三の丸一丁目6番1号

電話｜052-201-8811（大代表）

052-221-1714（出版部直通）

ブックデザイン｜ヨゴデザインスタジオ

印刷・製本｜長苗印刷株式会社

ISBN978-4-8062-0668-2